毛雝主編

中國農書目錄

文史哲出版社印行

國家圖書館出版品預行編目資料

中國農書目錄 / 毛雝主編. -- 初版. -- 臺北
市：文史哲, 民 101.12
頁： 公分.
ISBN 978-986-314-075-7 (平裝)

016.43 10122456

中國農書目錄

主編者：毛 雝
出版者：文史哲出版社
http://www.lapen.com.tw
登記證字號：行政院新聞局版臺業字五三三七號
發行人：彭正雄
發行所：文史哲出版社
印刷者：文史哲出版社
臺北市羅斯福路一段七十二巷四號
郵政劃撥帳號：一六一八〇一七五
電話886-2-23511028．傳真886-2-23965656

實價新臺幣三二〇元

中華民國十三年（1924）六月初版
中華民國一〇一年（2012）十二月景印再版

ISBN 978-986-314-075-7 01601

中國農書目錄彙編序

中國農國也其於農業著有專書及散見於各篇籍者浩如淵海特無人分別而部居之近來醉心歐化者崇拜科學於土壤肥料氣象種子害蟲諸事一一攷得其究竟視舊說爲新確而金陵大學圖書館乃有中國農書目錄彙編之輯大恉以吾國舊農書爲標準凡各書中關於農業之一部份均將書名列入一一加以注明而譯自東西各國書籍或述及新法者反不與焉其類別約爲二十一曰總記曰時令曰占候曰農具曰水利曰災荒曰名物詮釋曰博物曰物產曰作物曰茶曰園藝曰森林曰畜牧曰蠶桑曰水產曰農產製造曰農業經濟曰家庭經濟曰雜論曰雜類提綱絜領不遺餘力異哉吾國人日趨於新思潮而歐美學者轉崇尚吾之舊學說抑何其相背而馳也善夫大學校長包文君與其專門學家克乃文君之言曰子毋輕視中學若是中國農書所記載有與歐美學說相吻合且有出於歐美新學說以外者特散見於各書無人爲之條分而縷晰今之彙編條分縷晰之意也吾嘗病吾國農而不學又嘗病吾農學之舊而不新聞包文克乃文兩君之言乃知吾國古聖先賢之學說有足爲農人先導者而必舍其舊而新是謀誤矣雖

然此意出於泰西專門學家則可若吾無專門之學事事以吾爲已足是古而非今則又非吾之所望已

民國十二年七月韓國鈞序

PREFACE

This bibliography is number one of the publications of the University of Nanking Library. It is issued as a first step in a process of making known the amount and quality of the literature on agriculture and forestry in Chinese.

We realize keenly that in its present form the bibliography is incomplete: that it omits many titles and that it contains some titles that probably should have been omitted. The investigations on which it has been based have extended, necessarily in somewhat desultory fashion, over about eighteen months; but they have had to be limited to the libraries of Nanking and of neighbouring cities in Kiangsu Province and to library catalogues. In the latter cases it has sometimes been impossible to consult the books themselves. We shall be grateful if users of this bibliography will inform us both of omissions and of mistakes. For it is our hope that the present edition of the bibliography may have the success of leading to later and more adequate editions.

The extent of this first list has been a cause of surprise to us. For this reason we hope that, notwithstanding its imperfections, the present list may prove of service to libraries, to students of agriculture, and to Chinese scholars. In this connection we have been gratified at the interest of the Honourable Han Kwoh-chuin, Civil Governor of Kiangsu Province, who has written a special introduction to the bibliography.

It is our further hope that this bibliography may serve,

as we have stated, as a step in a process of making known not only the extent but also the content of Chinese agricultural literature. Of course any process that would seem to involve the indexing of hundreds of works staggers one. But the tentative indexing of a dozen or so of such works, which has already been attempted by this Library, has served to indicate that such an effort becomes of value from the very beginning and that it seems bound to lead in the direction of a considerable contribution towards the knowledge and practice of agriculture.

Commendation is due to the compiler of this bibliography, Mr. Mao Yung, formerly Associate Chief of the Cooperative Work in the University of Nanking Library, for the patience and care which he showed in the peculiar and tantalizing difficulties which confronted him in this task. Commendation is also due to Mr. Wang Kwoh-ting, Chief of the Research Library established this year in connection with the work of famine prevention. Mr. Wang, who, like Mr. Mao, was graduated from the College of Agriculture and Forestry in this University in 1920, has been associated in these bibliographical labours from the beginning and has, after Mr. Mao's departure for graduate study at the University of California, completed the preparations for publication. Mr. Mao and Mr. Wang have been ably assisted by Mr. Liu Shen-pu, Associate, and Mr. Ho Han-san, Writer, of the Research Library.

Harry Clemons, Librarian

28 May 1924

序（譯文）

本目錄係金陵大學圖書館出版物之第一種發行目的蓋欲于中國農書之質量蒐集而類列之以便稽考此尤其初步也

此次目錄吾人自知殊欠完善遺漏固必甚多而所採集亦必有不盡稱旨者至採集時期凡逾十有八月但以情勢關係參考所及僅囿於南京及本省附近各圖書館之圖書而旁及遠地圖書館目錄及藏書志藝文志等者又多不能一觀其書之內容此吾人所深引爲憾事而誠懇要求閱者諸君之指正冀於再版時得漸臻完備也

惟此次蒐集所得蔚爲大觀殊出意外故容多不妥之處然於圖書館農學界及中國學者或不無稍有稗益江蘇省長韓紫石先生特賜序以章之先生蓋深以此爲重要者

雖然吾不言乎吾人之希望不僅將以藉知中國農書之數量已也且將以之爲進求中國農書內容之梯楷吾人計劃擬擇重要農書悉製索引混合排列以便稽考雖云卷秩浩繁令人不敢嘗試然吾人於此數年內所試製農書索引十數種皆自始顯其有用苟能循此以進於農業界之知識及實際應用必將有若干之供獻

本目錄之主編人毛君雖係前任本館與美國國會圖書館合作部副主任此外萬君國鼎自初即與以助力萬君現任本館新設之研究部主任毛君赴美留學後萬君更爲任校讐之責復有同部之劉君純甫何君漢三相助爲理始告完成今將付印余謹爲之序云

中華民國十三年五月二十八日金陵大學圖書館館長克乃文

本編引用書目

四庫全書總目　增訂叢書舉要　彙刻書目　續彙刻書目　彙刻書目續篇　浙江採集遺書總目　農籍稽古　前漢書藝文志　隋書經籍志　隋經籍志考證　舊唐書經籍志　新唐書藝文志　宋史藝文志　明史藝文志　焦竑國史經籍志　補後漢書藝文志　補晉書藝文志　補五代史藝文志　宋史藝文志補　元史藝文志　補遼金元藝文志　崇文總目　文獻通考經籍考　通志藝文略　欽定續文獻通考經籍考　欽定續通志藝文略　皇朝通考經籍考　皇朝通志藝文略　欽定續通志圖譜略　皇朝續文獻通考經籍考　古今圖書集成經籍典　書目答問　韋爾氏中國古書考　白氏中國植物學　朝鮮支那蠶絲業概觀　中國經濟史　小學考　皕宋樓藏書志　本草綱目序例　玉海食貨　直齋書錄解題　文瑞樓書目　郡齋讀書志

持靜齋書目　嘉定錢氏藝文志略　絳雲樓書目　孫氏書目內外編　清吟閣書目　鐵琴銅劍樓書目

江上雲林閣書目　錢氏家刻書目　丁氏善本書目　述古堂藏書目　美國國會圖書館書目　江南圖書館書目　江蘇第一圖書館書目　江蘇第一圖書館覆校善本書目　江蘇第二圖書館書目　涵芬樓藏書目錄

北京大學圖書館書目　京師圖書館善本書目　浙江圖書館書目　陝西圖書館書目　南通圖書館第一次書目　無錫圖書館書目　常熟縣圖書館書目　山東農專紀念圖書館書目　雲南圖書館書目初編　武進圖書館書目　諸暨圖書館書目初編　南洋中學藏書目錄　黃巖九峰圖書館書目　東南大學圖書館書目

例言

一　是編所收多係吾國舊時農書及有涉農業者近人所著有關於舊農業亦在收錄之列惟近人譯自東西書籍或述及新法者均不採入

一　是編分類根據最新農學及舊時農書所分之門類種別部居各求其當約分爲二十餘類

一　是編所收諸書往往一書關及數類除按照內容分別類列外茲爲實用起見有列於甲類者復列於乙丙等類以便檢閱

一　直省府廳州縣志書大抵述及物產田賦等均與農業有關敝館已編有中國志書目錄故不復列入是編

一　是編所分門類計二十有八每類之內依書名之字畫多少編次

一　茶譜等書本可入作物類但中國茶書頗多故另設一類列於作物之後

一　舊時書籍一部分關於農業者除收錄書名外並將有關農業之一部注明藉便應用

一　凡諸書未經注明出處者大抵係南京及各地圖書館所藏或書肆出售之本

一　是編設雜類凡諸書不能歸入本編所設之門類及未悉其內容者均暫行列入此類

一　舊農書收入叢書者甚夥某書在某種叢書內舊時書目均謂之某某本如齊民要術在百子全書內者曰百子全書本茲爲明瞭起見不用本字而註明在某某叢書內

一　編輯是書所參考之書籍有限遺漏尚多日後當重行加入是編謬誤之處恐或不免除編者自行修正外深望海內博雅有以教之

中國農書目錄彙編總目

總記類

	書名（及篇名）	卷數或冊數	著作人	見於何書	附註
三畫	三農紀	十卷	清張宗法		
	士農必用			見（農桑輯要等）	
四畫	王氏	六篇		見（前漢書藝文志）	
五畫	元史 食貨志				參看農業經濟類
	古今圖書集成 食貨典	三百六十卷			古今圖書集成共計六彙編三十二典一萬卷
	又 藝術典	八百二十四卷			藝術典農部十卷圃部一卷漁部三卷樵部一卷牧部一卷
	古農書輯佚九種	一冊		在（農學叢書）內	神農書野老書范子計然養魚經尹都尉書氾勝之書蔡癸書養羊法家政法等九種
六畫	氾勝之書	二卷	漢氾勝之	在（玉函山房輯佚書）（農學叢書）內	前漢書藝文志作十八篇
	兆人本業	三卷	唐武后	見（舊唐書經籍志）（新唐書藝文志）	
	全芳備祖後集 農桑部				參看植物之屬
	多能鄙事	十二卷	明劉基	見（四庫全書總目）	
	多稼集	二卷	田道人	見（持靜齋書目）	
七畫	沈氏農書		清錢爾復訂正	在（學海類編）內	

	別本農政全書	四十六卷	明徐光啟撰陳子龍刪補	見(四庫全書總目)	
八畫	牧令書　農業		清徐棟		全書廿三卷
	牧令書輯要　農桑		清丁日昌重編		全書十卷
	事物紀原　農業陶漁部				參看博物之屬
九畫	范子計然	三卷	周范蠡	在(玉函山房輯佚書)(漢學堂叢書)(漢唐地理書鈔)(農學叢書)內	新唐書藝文志作十五卷
	便民圖纂	十六卷		見(四庫全書總目)	明鄺璠刊
	皇朝畜艾文編　農政		清于寶軒輯		全書八十卷
	皇朝經世文編　農政				參看農業經濟類
十畫	荊川稗編　諸家		明唐順之	在(四庫全書)內	全書一百二十卷
	宰氏	十七篇		見(前漢書藝文志)	
	家政法	一卷		在(玉函山房輯佚書)(農學叢書)內	
	耕桑治生要備	二卷	何先覺	見(文献通考經籍考)	
	耕織圖		韓彥直	見(欽定續通志圖譜略)	
	耕織圖詩	一卷	宋樓璹	在(四庫全書)(知不足齋叢書)內	
	又	一卷	清唐建中	見(湖北通志)	

神農書	一卷		在(玉函山房輯佚書)(農學叢書)內	漢書藝文志作廿篇
稜山農譜	三卷	清劉應棠	見(四庫全書總目)	
務本新書			見(農政全書)等	
陶朱公致富全書	四卷			
野老書	一卷		在(玉函山房輯佚書)(農學叢書)內	前漢書藝文志作十七篇
授時通考	七十八卷	乾隆二年敕撰		
御製耕織圖	二冊	清康熙		
康濟譜 農桑		明潘麟長		全書十二冊
十二畫				
曾氏農書			見(王楨農書)等	
欽定授時廣訓	二卷	嘉慶十三年董誥等奉敕撰	見(皇朝續文獻通考經籍考)	
博雅備考 農政		張彥琦		全書廿七卷
十三畫				
農子	一卷	熊寅亮	見(宋史藝文志)	
農丹	一卷	張標	在(藕香零拾)內	
農事機要		劉宏	見(補遼金元藝文志)	
農政三書	三卷	清劉湘煃	見(湖北通志)	

農政全書	六十卷	明徐光啓		
又	八卷	張國維	見(明史藝文志)	
農書	三十六卷	宋王楨	在(閩省重刊聚珍版書)(四庫全書)內	聚珍版書內王楨農書三十六卷凡農桑通訣六卷農器圖譜二十卷穀譜十卷四庫全書總目作王楨農書二十二卷凡農桑通訣六卷穀譜四卷農器圖譜十二卷
農書		王磐	見(古今圖書集成農部彙考)	
又	二卷	沈氏原書張履祥補著	在(張楊園全集)(昭代叢書)(四庫全書)內	按四庫全書總目上有沈氏二字
又	三卷	唐陳峻	見(郡齋讀書志)	
又	三卷	宋陳旉	在(四庫全書)(知不足齋叢書)(函海)(農學叢書)內	
農書閱古編	六卷	施大經		
農桑二編			在(青照樓叢書)內	
農桑兩書			同右	
農桑衣食撮要		元魯明善	在(墨海金壺)(珠叢別錄)(長恩書室叢書)(四庫全書)(半畝園藏書)(農學叢書)內	
農桑易知錄	三卷	鄭之任	見(書目答問)	

十四畫

農桑直說			見（農政全書）
農桑要旨			同右
農桑撮要	七卷	羅文振	見（補遼金元藝文志）
農桑輯要	七卷	元司農司	在（格致叢書）（武英殿聚珍版書）（四庫全書）（江西刊聚珍版書）（浙江刊聚珍版書）（田園經濟）（漸西村舍叢刻）內
農圃六書	四冊	清周之璵	見（農籍稽古）
農圃四書	四卷	明黃省曾	在（田園經濟）（格致叢書）內　合刊稻品　蠶經　養魚經　藝菊書等四種
農圃便覽	四冊	丁宜曾	
農家必讀	一卷	退學軒主人著	
農雅	六卷	清倪倬	在（農學叢書）內
董安國	十六篇	漢董安國	見（前漢書藝文志）
羣芳譜	三十卷	明王象晉	
趙氏	五篇		見（前漢書藝文志）
齊民四術	十二卷	清包世臣	在（安吳四種）內
齊民要書	一卷	溫純	見（明史藝文志）

筆畫	書名	卷數	著者	備考
	齊民要術	十卷	後魏賈思勰	在（四庫全書）（五朝小說）（津逮祕書）（居家必備）（學津討源）（祕冊彙函）（彙刊百子）（漸西村舍叢書）（龍溪精舍叢書）（百子全書）（四部叢刊）內
	種田說	一卷	耿蔭陽	附在（潘豐裕莊本書）前
	演齊民要術		唐李淳風	見（通志藝文略）
十五畫	蔡癸書	一卷	漢蔡癸	在（玉函山房輯佚書）（農學叢書）內
	潘豐裕莊本書	一冊	潘曾沂	
	廣羣芳譜	一百卷	清康熙四十七年敕撰	
十七畫	韓氏直說			見（農政全書）等
二十畫	寶訓	八卷	清郝懿行	在（郝氏遺書）內
	勸農書	八卷	袁黃	在（農政叢書）內

時令類

書名及篇名	卷數或冊數	著作人	見於何書	附註
二畫				
七十二候考	一卷	清俞樾	在（春在堂全書曲園雜纂）內	
又	一卷	曹仁虎	在（昭代叢書）（藝海珠塵）內	
七十二候表	一冊	羅以智		
十二月纂要	一卷		見（宋史藝文志）	
三畫				
千金月令	三卷	唐孫思邈	在（說郛）內	
大戴禮記 夏小正			在（四部叢刊）	全書十三卷
四畫				
月令七十二候集解	一卷	元吳澄	在（學海類編）（碧琳瑯館叢書）內	
月令七十二候贊	一冊	葉志詵		
月令小疏	二卷		見（崇文總目）	
月令考	一卷	莫熹	見（皇朝續文獻通考經籍考）	
月令拜時訓詩	一卷		見（通志藝文略）	
月令明義	四卷	黃道周	在（黃忠端公全集）（黃石齋先生九種）（四庫全書）內	
月令氣候圖說	一卷	李調元	在（函海）內	

月令章句		服虔	見(補後漢書藝文志)
又		景鸞	同右
又		漢蔡邕	在(玉函山房輯佚書)(漢魏遺書鈔)(二酉堂叢書)(南菁書院叢書)(鄦齋叢書)(龍溪精舍叢書)內
又	十二卷	戴顒	見(通志藝文略)
月令疏	二卷		同右
月令通考	十六卷	明盧翰	
月令通纂	四卷	黃諫	見(絳雲樓書目)
月令解	十二卷	宋張虙	在(四庫全書)(永樂大典採輯書)內
月令圖		王涯	見(新唐書藝文志)
月令演	一卷	清徐士俊	在(檀几叢書)內
月令粹編	二十四卷	清秦嘉謨	
月令廣義	二十五卷	明馮應京	見(四庫全書總目)
月令輯要	二十四卷	清李光地等	
月錄	一卷	韋行規	見(宋史藝文志)

五畫

月壁	一卷	岑貢	仝右	
月鑑	二卷	孫翰	仝右	
王氏四時錄	十二卷		見（新唐書藝文志）	
太平御覽 時序部	二十卷			參看博物之屬
日涉編	十二卷	明陳堦	見（四庫全書總目）	
古今圖書集成 歲功典	一百十六卷			
四民月令	一卷	崔寔	在（漢魏遺書鈔）（說郛）（心齋十種）（四錄堂類稿）內	
四季須知	二卷	吳嘉言	見（明史藝文志）	
四時宜忌	一卷	明瞿佑	見（四庫全書總目）	
四時記	二十卷	薛登	見（新唐書藝文志）	
四時氣候集解	四卷	明李泰	見（四庫全書總目）	
四時種植書	一卷	明宋公望	見（明史藝文志）	
四時錄	四卷		見（宋史藝文志）	
四時類要			見（授時通考）等	
四時纂要	五卷	唐韓鄂	見（新唐書藝文志）	

	田家月令	一卷	陳鳴鶴	見（明史藝文志）	
	田家月令	一卷	顧清	見（明史藝文志）	
	田家歷		程羽文	在（居家必備）（說郛續）內	
	玉燭寶典	十二卷	宋杜臺卿	在（古逸叢書）（四庫全書）（說郛）內	
六畫	行厨集 月令廣義纂				參看博移之屬
七畫	吳下田家志				參看占候類
	吳氏春秋 十二紀				參看作物類
	汲冢周書 時訓解		晉孔鼂注	在（四部叢刊）內	全書十卷
八畫	花傭月令	一册	徐石麟	在（傳硯齋叢書）內	
十畫	夏小正	四卷	顧鳳藻	在（士禮居叢書）內	附校錄一卷
	夏小正分箋	四卷	黃模	在（皇清經解續編）內	
	夏小正正義	一卷	王筠	在（天壤閣叢書）（鄂宰四種）內	
	夏小正本義	四卷	雷學淇	在（雷氏所著書）內	
	夏小四考注	一卷	清畢沅	在（經訓堂叢書）內	
	夏小正註	一卷	王闓運		
	夏小正註	四卷	李聿修	在（李氏三種）內	

又	一卷	清黃叔琳	見(四庫全書總目)
夏小正註釋	一卷	李楚珩	在(一瓻筆存)內
夏小正訓解	四卷	清干寶仁	
			附攷異一卷通論一卷
夏小正通釋	四卷	梁章鉅	在(二思堂叢書)內
夏小正詁	一卷	清諸錦	在(賜硯堂叢書)(昭代叢書補編)(後知不足齋叢書)內
夏小正補注	四卷	任兆麟	在(心齋十種)內
夏小正解	一卷	徐世溥	在(陶輯豫章叢書)內
又	四卷	宋傅崧卿	在(通志堂經解)內
夏小正疏義	四卷	洪震煊	在(傳經堂叢書)(皇清經解)內
夏小正異義	二卷	黃模	在(皇清經解續編)內
夏小正集解	四卷	顧鳳藻	在(士禮居叢書)內
夏小正集說	四卷	程鴻詔	見(皇朝續文獻通考經籍考)
夏小正傳	二卷	清孫星衍注	在(岱南閣叢書)內
夏小正傳注集證	六卷	董恂	在(烏程董氏所著書)內

夏小正傳校正	三卷	清孫星衍	在（孫淵如所著書）內
夏小正箋	四卷	王貞	在（婺源王氏所著書）內
又	一卷	李調元注	在（函海）內
夏小正箋疏	四卷	清馬徵慶	
夏小正輯注	四卷	清范家相	
夏小正戴氏傳	四卷	傅崧卿注	在（四庫全書）內
夏時考異	一卷	張方	見（宋史藝文志）
夏時志別錄	一卷	張方	同右
唐月令注		唐李林甫等	在（十種古逸書）內
唐明皇月令註解		黃奭輯	在（漢學堂叢書）內
荊楚歲時記	二卷	杜公瞻	在（一株紅杏齋叢書）內
又	一卷	宗懍	在（五朝小說）（說郛）（麓山精舍叢書）（寶顏堂祕笈）（淡生堂餘苑）（漢魏叢書）（四庫全書）內
時節氣候鈔	四冊	清喻端士	
時鏡新書	五卷	劉安靖	見（宋史藝文志）

時鑑雜書	四卷	劉靖	同右	
眞宗授時要錄	十二卷		同右	
乘輿月令	十二卷	裴澄	見(新唐書藝文志)	
十一畫				
御定月令輯要	二十四卷	清康熙	在(四庫全書)內	附圖說一卷
淮南子 天文訓 時則訓				參看雜論類
淮南天文訓補註	二卷		在(湖北叢書)(指海)內	
授時考	一冊	明禮部官撰		
救荒簡易書				參看災荒類
通雅 天文門農時				參看博物之屬
國朝時令集解	十二卷	宋賈昌朝	見(宋史藝文志)	
淵鑑類函 歲時部	十一卷			參看博物之屬
十三畫				
歲中記	一卷		見(宋史藝文志)	
歲時廣記	四卷	宋陳元靚	在(格致叢書)(十萬卷樓叢書)(學海類編)(四庫全書)內	
又	百二十卷	徐鍇	見(宋史藝文志)	
歲華紀麗	四卷	韓鄂	在(唐宋叢書)(學津討源)(說郛)(津逮秘書)(秘冊彙函)(高公恪公四部稿)內	

筆畫	書名	卷數	著者	出處	備考
	經世民事錄	十二卷	明 桂 萼	見(四庫全書總目)	
	詩經豳風				
十四畫	齊人月令	一卷	唐 李淳風	見(叢書舉要)(玉函山房輯佚書)	
	又	三卷	孫思邈	見(宋史藝文志)	
十五畫	廣月令	五卷	明 王 勳	見(四庫全書總目)	
	廣東月令		鈕 琇	在(檀几叢書)內	
	節序同風錄		清 孔尙任	見(四庫全書總目)	
	節序故事	十二卷	許 尙	見(宋史藝文志)	
	養餘月令	二十九卷	明 戴 羲	見(四庫全書總目)	
十六畫	輯蔡邕月令章句	四卷	葉德輝	在(觀古堂所著書)內	
十八畫	禮記月令				注解禮記者甚多茲不詳舉
十九畫	懷豳	一卷	清 向大觀	見(湖北通志)	
二十畫	譯史月令	一卷			參看農業經濟類
	纂要月令			見(通志藝文略)	
二十五畫	觀象授時	十四卷	秦蕙田	在(皇朝經解)內	

占候類

書名及篇名	卷數或冊數	著作人	見於何書	附註
一畫 乙巳占	十卷	唐李淳風	在（十萬卷樓叢書）內	
二畫 卜歲恒言	二卷	吳鵠		
四畫 太乙十精風雨賦	五冊		見（浙江採集遺書總錄）	
天文諸占	一卷		見（四庫全書總目）	
月令占候	一卷	明宋相閎	見（孫氏書目內外編）	
月令占候圖			見（授時通考）	
五畫 古今圖書集成 庶徵典				參看災荒類
又 乾象典兩部				
古今諺		明楊慎	在（說郛續）（函海）（居家必備）（升庵外集）（藝海珠塵）內	
四時占候			見（授時通考）	
占候成書	二卷	胡文煥	在（格致叢書）內	
占書			見（授時通考）	

筆畫	書名	卷數	著者	所在
	田家五行	一卷	婁元禮	在(屑玉叢談)(古今圖書集成庶徵典)(格致叢書)(廣百川學海)(居家必備)(百名家書)(說郛續)(田園經濟)內
	田家五行拾遺	一卷	婁元禮	在(格致叢書)內
	又	一卷	陸泳	見(補遼金元藝文志)
	田家紀曆撮要	一卷	婁元禮	在(格致叢書)內
	田家雜占			在(居家必備)內
七畫	吳下田家志	一卷	宋陸泳	在(說郛)內
八畫	東方朔占書	三卷		見(四庫全書總目)
	物理小識 占候類 風雷雨暘類			參看博物之屬
	易緯通卦驗	二卷	漢鄭康成	在(武英殿聚珍板叢書)(古經解彙函)內
	易飛候		漢京房	在(說郛)(漢魏遺書鈔)內
九畫	相雨書	一卷	黃子發	在(說郛)(漸西村舍叢書)(袁氏叢刻十九種)內
	紀歷撮要	一卷		在(田園經濟)(居家必備)(百名家書)內
十畫	格物麤談 天時			參看園藝總記之屬

畫數	書名	卷數	著者	所在	備考
	格致鏡原 乾象類	四卷			參看博物之屬
	神樞鬼藏經	二卷		見(四庫全書總目)	
	師曠占			見(授時通考)	
十一畫	探春歷記	一卷	漢東方朔	在(五朝小說)(格致叢書)(夷門廣牘)(田園經濟)(百名家書)內	
	清臺占法			見(授時通考)	
	淵鑑類函天部	十一卷			參看博物之屬
十二畫	晴雨歷		楊慎	在(升庵著作)內	
	雲氣占候篇	二卷	韜廬子	在(浙西村舍叢書)內	
十三畫	農占輯要		清胡向暄	見(湖北通志)	
	農家諺		漢崔寔	在(居家必備)(說郛)內	
	農候雜占	四卷	清梁章鉅	在(二思堂叢書)內	
	歲時雜占	一卷		見(述古堂藏書目)	
十四畫	開元占經	一百二十卷	唐瞿曇悉達等	在(四庫全書)內	
	種蒔占書	二卷		見(焦竑國史經籍志)	
十八畫	類占			見(授時通考)	

雜占	二卷		見(絳雲樓書目)

農具類

畫數	書名及篇名	卷數或冊數	著作人	見於何書	附註
三畫	三才圖會 器用	十二卷			參看博物之屬
	山西農具圖說	一冊	山西農學編輯會		
四畫	水機圖說		陳忠倚	在(農學叢書)內	
五畫	玉海 食貨門農器				參看農業經濟類
	代耕架圖說		王忠節公	在(農學叢書)內	
六畫	古今圖書集成 考工典	二百五十二卷			
	考工創物小記 車人爲耒圖說		程瑤田	在(皇清經解)(通藝錄)內	全書四卷
	耒耜經		唐陸龜蒙	在(學律討源)(唐人說薈)(居家必備)(說郛)(津逮祕書)(五朝小說)(小十三經)內	
八畫	事物原會	四十卷			參看博物之屬
	事物通編 人事部農				同右
	奇器圖說	三卷	鄧玉函	在(四庫全書內)	
九畫	泰西水法	六卷			參看水利類

十畫	格致鏡原耕織器物類	一卷			參看博物之屬
十一畫	淵鑑類函器物部農器				同右
十二畫	雲覓機纂	一卷		見（農籍稽古）	
十三畫	稗史彙編器用門農器				參看博物之屬
	農具記	一卷	陳玉璂	在（檀几叢書）內	
	農器詩譜			見（遂初堂書目）	
	農器譜	五卷	曾之謹	見（文獻通考經籍考）	
十五畫	廣廣事類賦人事部農				參看博物之屬
二十一畫	釋農具	一卷	朱駿聲	在（朱允倩所著書內）	

水利類

書名及篇名	卷數或冊數	著作人	見於何書	附註
二畫				
二十四史九通政典類要合編食貨田賦	一			參看農業經濟類
入淮巨川編		齊召南	在(小方壺齋輿地叢鈔)內	
三畫				
三才彙編	六卷			同右
三江水利紀略	四卷			
三吳水考	十六卷	明張內蘊 周大韶	在(昭代叢書)內	
又	十六卷	林應訓	見(浙江採集遺書總錄)	
三吳水利考	二卷	王道行	見(明史藝文志)	
三吳水利條議		清錢中諧	在(昭代叢書)內	
又	一卷	清錢泳		附水學贅言一卷
三吳水利論	一卷	伍餘福	在(金聲玉振集)(借月山房彙鈔)內	
三吳水利錄	四卷	明歸有光	在(四庫全書)(涉聞梓舊)內	
山西各縣河渠圖	一冊			山西六政考核處編輯
山西省各縣渠道表	二冊			同右
千金隄志	八卷	謝廷諒等	見(四庫全書總目)	

四畫

上虞塘工紀略	二卷	連仲愚		續一卷三續一卷
上虞縣五鄉水利本末	二卷	陳恬	見（鐵琴銅劍樓書目）	
大學衍義補 除民之害				參看農業經濟類
大學衍義補輯要 除民之害				同右
天下郡國利病書	一百二十卷			同右
元史 河渠志				同右
太平御覽 地部救水災				參看博物之屬
太湖備考	十六卷			參看物產類
水利五論	一卷	顧士璉	在（婁東雜著）內	
水利書	一卷	范仲淹	見（世善堂藏書目錄）	
水利芻言	一卷	清李慶雲		
水利通編		韓準	見（元史藝文志）	
水利備考	四卷	梅啓照		
水利圖經	二卷	程師孟	見（世善堂藏書目錄）	
水利編	三卷	王章	見（宋史藝文志）	
水利論說		曹慶孫	同（元史藝文志）	

五畫

水利營田圖說	一卷	吳邦慶	在(畿輔河道水利叢書)內	
水利雜記		鄭日奎	在(小方壺齋輿地叢鈔)內	
水利譚	一冊	郭希仁		
水道提綱	二十八卷	齊召南		
水機圖說				參看農具類
水學贅言	一卷	清錢泳	見(常熟縣圖書館藏書目錄)	
日知錄 水利 河渠		清顧炎武		全書三十二卷
五省溝洫圖說	一卷	清沈夢蘭		
升庵外集 地理部				參看博物之屬
文獻通考 田賦考水利田				參看農業經濟類
古今疏治黃河全書	四卷	明黃克纘	見(四庫全書總目)	
古今圖書集成 考工典水車部				
冊府元龜 邦計部河渠				同右
四明它山水利備覽	二卷	宋魏峴	在(守山閣叢書)(四庫全書)(校刻宋元四明志)內	
永定河志	三十二卷			

六畫

北河紀	八卷	明謝肇淛	在（四庫全書）內	紀餘四卷
北河續記	八卷	清閻廷謨	見（四庫全書總目）	
玉海 地理門				參看農業經濟類
考古類編 水利 治河				同右
朱子經濟文衡類編續集 水利類				同右
行水金鑑	一百七十五卷	清傅澤洪		
西北水利		俞森	在（農政叢書）內	
西北水利議		許承宣	在（學海類編）（昭代叢書）內	
西湖水利考	一卷	吳農祥	在（武林掌故叢編）內	
西瀆大河志	五卷	明張光孝	見（四庫全書總目）	
江北運程	四十一卷	董恂		
江蘇水利全案	五十二卷	清李慶雲等		
江蘇水利全書圖說	十二卷	清陶澍		
江蘇海塘新志		清李慶雲等		
全吳水畧	七卷	明吳韶	見（四庫全書總目）	
全河備考		葉方恒	在（小方壺齋輿地叢鈔）內	

書名	卷數	著者	所在	備考
各省水道圖說			同右	
史記 河渠書		漢司馬遷		
安瀾文獻	一卷	清沈光竹	見(四庫全書總目)	
安瀾記要	二卷	徐端	在(敏果齋七種)內	
七畫				
甬上水利志	六卷	清周道遵		
吳中水利記		吳恩	見(授時通考)	
吳中水利書	一卷	宋單鍔	在(四庫全書)(守山閣叢書)(常州先哲遺書)(墨海金壺)內	
又	二十八卷	明張國維	在(四庫全書)內	
吳中水利通志	十七卷	明	見(四庫全書總目)	
吳江水攷增輯	五卷	明沈啓		附編二卷
吳郡志 水利				參看物產類
吳郡圖經續記 治水				參看物產類
宋史 河渠志食貨志				參看農業經濟類
八畫				
治下河論		張鵬翮	在(小方壺齋輿地叢鈔)內	
治水或問	四卷	明龎尚鴻	見(四庫全書總目)	

治水要議	一卷	清孫宗彝	同右	
治水方略	十卷	清靳輔		又圖一卷
治河七說	一卷	清劉鶚		
治河前策	一卷	清馮祚泰	見(四庫全書總目)	
治河後策	二卷	清馮祚泰	同右	
治河奏疏	四卷	明李化龍	見(四庫全書總目)	
又	二卷	明周堪賡	同右	
治河奏績書	四卷	清靳輔	在(四庫全書)內	
治河要語			在(青照樓叢書)內	
治河通攷	十卷	吳山	見(欽定續文獻通考經籍考)	
又	十卷	劉隅	見(明史藝文志)	
治河管見	四卷	明潘鳳梧	見(四庫全書總目)	
治河圖畧	一卷	元王喜	在(四庫全書)(永樂大典採輯書)墨海全壺)內	
治河總考	四卷	明車璽	見(四庫全書總目)	
治河議	一卷	陳虬	在(小方壺齋輿地叢鈔)內	

河工奏摺	一卷	清黎式序	見(持靜齋書目)
河工書	一卷	呂坤	在(呂新吾書十種)內
河工碎石方價	一卷	清黎式序	見(持靜齋書目)
河工器具圖說	四卷	麟慶	見(書目答問)
河防一覽	十四卷	明潘季馴	在(四庫全書)內
河防一覽纂要	六卷	清陳子豫	
河防志		清張鵬翮	
河防律令	二卷		見(明史藝文志)
河防述言	一卷	清張靄生	在(四庫全書)內
河防要覽		陸燿	見(中國人名大辭典)
河防記		元歐陽玄	在(學海類編)內
河防芻議	六卷	清崔維雅	見(四庫全書總目)
河防通議	一卷		在(明辨齋叢書)內
又	一卷	沈立	見(通志藝文略)
又	二卷	元沙克什	在(守山閣叢書)(四庫全書)(永樂大典採輯書)內

河防須知	二冊			
河防疏畧	二十卷	清朱之錫	在(金華叢書)內	
河紀	二卷	清孫承澤	見(四庫全書總目)	
河渠志	一卷	吳道南	同右	
河患備考	二卷	徐標	見(明史藝文志)	
河漕通考	二卷	明黃承元	見(四庫全書總目)	
金史 河渠志 食貨志				參看農業經濟
明史 河渠志				同右
明江南治水記	一卷	陳士鑛	在(學海類編)內	
明會典				同右
東吳水利考	十卷	明王圻	見(四庫全書總目)	
東南水利	八卷	清沈愷曾	同右	
東南水利略	六卷	凌介禧		
東華錄				參看災荒類
東華續錄				同右
固始水利紀實	一冊	桂林		

九泉

兩河奏疏	十冊	嚴烺	
兩河清彙	八卷	清薛鳳祚	在(四庫全書)內
兩河經略	四卷	明潘季馴	同右
兩河管見	三卷	明潘季馴	見(四庫全書總目)
兩河觀風便覽　河防			參看農業經濟類
兩浙水利詳考			在(小方壺齋輿地叢鈔)內
兩浙海塘通志	二十卷	清方承觀	見(皇朝文獻通攷經籍考)
具區志	十六卷	清翁澍	見(四庫全書總目)
怡賢親王疏鈔	一卷	吳邦慶	在(畿輔河道水利叢書)內
奇器圖說	三卷		參看農具類
居濟一得	八卷	清張伯行	在(四庫全書)(正誼堂全書)內
直隸河渠志	一卷	清陳儀	在(四庫全書)(畿輔河道水利叢書)內
直隸河道事宜	一卷		
姑蘇水利	一卷	刺正甫	見(通志藝文略)
廻瀾紀要	二卷	徐端	在(敏果齋七種)內
泉河史	十五卷	明胡瓚	見(四庫全書總目)

泉河志	六卷	張橋	見（明史文藝志）	
泉河紀畧	八卷	張純	同右	
南河志	十四卷	清朱國盛	見（四庫全書總目）	
南河成案	五十四卷			
南河成案續編	六十四卷			
南湖水利圖攷	二冊	明陳善		
皇明奏疏類鈔 河渠類				參看農業經濟類
皇都水利	一卷	明袁黃	見（欽定續文獻通攷經籍攷）	
皇朝文獻通攷 田賦考				參看農業經濟類
皇朝畜艾文編 水利				參看總記類
皇朝續文獻通攷 田賦考				參看農業經濟類
皇朝通志 食貨略				同右
皇朝通典 食貨典				同右
皇朝經世文統編 地輿部				同右
皇朝經世文鈔 河防				同右
皇朝經世文編 工政				同右

十畫

皇朝經世文續編 工政				同右
又 工政				同右
皇輿西域圖志	十一冊			參看物產類
春明夢餘錄 工部川渠				參看農業經濟類
宣和編類河防書	一百九十二卷		見(宋史藝文志)	
禹貢水利利害評註	一冊			江蘇第一監獄代印
洩湖入江議		葉機	在(小方壺齋輿地叢鈔)內	
奏減河工價料則料	一卷	清曹振鏞	見(持靜齋書目)	
前漢書 溝洫志				參看農業經濟類
荊州類編				參看總紀類
荊州萬城隄志	十卷	清倪文蔚		
荊州萬城隄續志		清舒惠		
荊楚修疏指要	二冊	胡祖翮		
浙西水利書	一卷		見(四庫全書總目)	
浙西水利書	三卷	明姚文灝	同右	
浙西水利備攷	八卷	清王鳳生	見(書目答問)	

又	四冊	清任蘭佑等		
又		帥承瀛	見(皇朝續文獻通攷經籍攷)	
浙西水利議答錄	十卷	元任仁發	見(四庫全書總目)	
浙西水利海防攷	十四卷			
浙江海塘事宜冊	一冊			
浙江通志水利海防				書估抽印袖珍本
泰西水法	六卷	熊三拔	在(天學初函)(四庫全書)內	
宸垣識略 水利		清吳長元		全書十六卷
捍海塘志	一卷	錢文瀚	在(武林掌故叢編)內	
高家堰記		俞正燮	在(小方壺齋輿地叢鈔)內	
桑麻水利族學彙存	四卷	清李有棻		武昌府署刊本
馬棚灣漫工始末	一卷			
海寧念汎大口門二限三限石塘圖說	一冊	袁鎮宗		
海塘記	一卷	黃光昇	見(明史藝文志)	
海塘通志	二十卷	清方觀承	見(書目答問)	
海塘新志	六卷	清方觀承	見(皇朝文獻通考經籍考)	

又	六卷	清琅玕		海塘新志續四卷
海塘說		清高晉	在(小方齋輿地叢鈔)內	
海塘錄	八卷	明仇俊卿	見(欽定續文献通考)	
又	廿六卷	清翟均廉	在(四庫全書)內	
海塘輯要	十二冊	清楊鑅		
海塘擥要	十二卷	清楊鑅	見(皇朝續文献通考經籍考)	
修舉三吳水利考	四卷	吳應夔	見(明史藝文志)	
淮水考		郭起元	在(小方壺齋輿地叢鈔)內	
淮水記		朱雲錦	同右	
淮水編		齊召南	同右	
淮北水利說		丁顯	同右	
淮南水利考	二卷			
淮陽水利圖說		清馮道立		
閒水集	三卷	明劉天和	在(金聲玉振集)內	
閒水漫錄	四卷	盛百二		
婁江志	二卷	清顧士璉	見(四庫全書總目)	

婁條條議	一卷	陸世儀	在(陸桴亭遺書十六種)(婁東雜著)內	
通志 食貨略				參看農業經濟類
通典 食貨				同右
通惠河志	二卷	明吳仲	見(四庫全書總目)	
淡災蠡述	一卷	范鳴龢		
常熟水論	一卷	明薛尚質	在(學海類編)內	
敎養全書	四十卷			參看農業經濟類
陳學士文鈔	一卷	陳儀	在(畿輔河道水利叢書)內	
紹興水利圖說	二卷	賈應璧	見(明史藝文志)	
康濟譜 水利				參看總記類
十二畫				
揚州水利論			在(小方壺齋輿地叢鈔)內	
湖北襄鄖道水利集案	二冊			
欽定大清會典 工部				參看農業經濟類
欽定大清會典事例 工部				同右
欽定河工價則例章程	三卷		見(持靜齋書目)	嘉慶十三年頒行
欽定續文献通考 田賦考				參看農業經濟類

欽定續通志 食貨畧				同右
欽定續通典 食貨略				同右
疏河心鏡	一卷	凌鳴喈	在(昭代叢書)內	
疏瀹論	一卷	潘欲仁		
黃河圖議	一卷	明鄭若曾	見(四庫全書總目)	
黃河說		朱雲錦	在(小方壺齋輿地叢鈔)內	
黃運兩河考議	六卷		見(四庫全書總目)	
黃巖縣河閘志	二冊	清劉世寧		
博物典彙 水利		明黃道周		參看農業經濟類
博雅備考 水利 治河				參看總記類
陽邑芙蓉湖修隄錄	八卷	何希曾		
鄂省丁漕水利合編	十卷	清林遠村		湖北藩署刊本
湘湖水利志	三卷	清毛奇齡	在(西河合集)內	
敬止集	四卷	明陳應芳	在(四庫全書)內	
靳文襄奏疏	八卷	清靳輔	同右	
楚北水利隄防紀要	二卷	清俞昌烈		

新河成疏		明游李勳等	見(四庫全書總目)	
新河初議	一卷		同右	
新劉河志	一卷	清顧士璉	同右	
新濬海鹽內河圖說	一卷		同右	
溝洫疆理小記	一卷	程瑤田	在(皇清經解通藝錄)內	
經野規畧	三卷	明劉光復		
經濟類考約編 水利 黃河				參看農業經濟類
十四畫				
開江書	四卷	清顧士璉	見(浙江採集遺書總錄)	
開墾水田圖說	一冊	施彥士 倪承寬		
漢書補註 溝洫志				同右
圖書編 水利				同右
銅陵江壩錄	一冊			
十五畫				
廣治平畧 治河篇 水利篇				參看農業經濟類
畿東河渠通論			在(小方壺齋輿地叢鈔)內	
畿南河渠通論			同右	
畿輔水利四案	六冊	清潘錫恩		

畿輔水利輯覽	一卷	吳邦慶	在(畿輔河道水利叢書)內	
畿輔水利議	一卷	清林則徐	在(林文忠公三種)(海粟廬叢書)內	
畿輔安瀾志	五十六卷	王履泰		
畿輔河道管見	一卷	吳邦慶	在(畿輔河道水利叢書)內	附水利私議
憩遊偶考	一卷	華湛思	在(昭代叢書)內	
盤龍江水利圖說	一冊	孫髯翁		
震澤編	八卷			參看物產類
潞水客談	一卷	明徐貞明	在(粵雅堂叢書)(畿輔河道水利叢書)內	
歷代名臣奏議 水利				參看農業經濟類
歷代河防統纂	二十八卷	清陳璜		
導江三議	一卷	王柏心	在(湖北叢書)內	
導淮水復故道議		清丁顯		
導淮計畫宣告書	一冊	張謇		
築圩圖說	一卷	孫峻		
築圍說	一卷	陳瑚	在(婁東雜著)內	
餘姚海堤集	四卷		見(浙江採集遺書總錄)	

澤農要錄	六卷	吳邦慶	在(畿輔河道水利叢書)內	
横塘堰水利考	一卷	清徐用福		
十七畫				
蕭山水利書初集	二卷	明富玹編 清來鴻雯重訂	見(四庫全書總目)	
蕭山水利書附集	一卷	清張學懋	見(四庫全書總目)	
蕭山水利書 續集 三集	一卷 三卷	張文瑞	見(四庫全書總目)	
濬小清河議		張鵬	在(小方壺齋輿地叢鈔)內	
濬吳淞江議		張世友	同右	
襄堤成案	八卷	清陳少泉 胡子修		
濟寧閘河志	四卷		見(明史藝文志)	
濟寧閘河類考		陳夢鶴	同右	
二十畫				
蘇菑錄	二冊			參看災荒類
籌運篇	一卷	殷自芳	在(小方壺齋輿地叢書鈔)內	
籌濟編 修水利				同右
續浚南湖圖志	一卷			附圖說一卷
續修欽定大清會典 工部				參看農業經濟類
續海塘新志	四卷			

災荒類

畫數	書名及篇名	卷數或冊數	著作人	見於何書	附註
二畫	二十四史九通政典類要合編 食貨 平準 國用				參看農業經濟類
	十三經類語 豐荒類				參看雜類
三畫	大學衍義補 卹民之患				參看農業經濟類
	大學衍義補輯要 卹民之患				同右
四畫	元史 五行志 食貨志				同右
	太平御覽 時序部				參看博物之屬
	文獻通考 國用考 市糴考 物異考				參看農業經濟類
五畫	左司筆記	二十卷			同右
	冊府元龜 邦計部				同右
	玉海 食貨門 倉庾				同右
	氾勝之書				參看作物類
	古今圖書集成 考工典 倉廩部				參看農具類
	又 食貨典 荒政部				參看農業經濟類

又 庶徵典				同右
六畫				
考古類編 荒政				同右
朱子文集大全類編 政續		宋朱熹		全書一百十卷
朱子經濟文衡類編續集				參看農業經濟類
亦存編	一冊	帥念祖		
名臣經濟錄 戶部				同右
七畫				
宋史 五行志 食貨志				同右
宋書 五行志	五卷	梁沈約		全書一百卷
辰州府義田總記	二卷			
八畫				
周中丞疏稾	十六卷	明周孔敎	見（四庫全書總目）	
明史 五行志 食貨志				參看農業經濟類
金史 五行志 食貨志				同右
牧令書 籌荒				參看總記類
牧令書輯要 籌荒				同右
青社賑濟錄	一卷	富弼	見（直齋錄解題）	
事物紀原 利源調度部				參看博物之屬

九畫

社倉本末	一卷		見(郡齋讀書志)	
社倉考	一卷	清俞　森	在(荒政叢書)內	
東華錄	一百卷	清王先謙		
東華續錄	一百卷	清王先謙		
治蝗全法	四卷	清顧　彥		
治蝗書	一卷	陳崇砥		
春明夢餘錄 戶部		清孫承澤		參看農業經濟類
春秋事義慎考 災荒之屬				同右
拯荒事畧	一卷	元歐陽元	在(學海類編)內	
皇明奏疏類鈔 荒政類				同右
皇朝文獻通考 市糴考 國用考				同右
皇朝通志 災祥略 食貨略				同右
皇朝通典 食貨典				同右
皇朝經世文鈔 荒政				同右
皇朝經世文統編 內政部 理財部				同右
皇朝經世文編 戶政				同右

十畫

皇朝經世文續編 戶政		葛士濬		同右
又 戶政		盛康		同右
皇朝續文獻通考 市糴考 國用考				同右
前漢書 五行志				同右
後漢書 五行志		宋范曄		全書一百二十卷
南齊書 五行志		梁蕭子顯		全書五十九卷
荊川稗編 戶政				參看總記類
荒政考	一卷	明屠隆	在(荒政叢書)內	
荒政考略			見(中國經濟史)	
荒政要略			見(中國經濟史)	
荒政要覽	十卷	俞汝爲	見(明史藝文志)	
荒政瑣言	一卷	萬維旒		
荒政輯要	十卷	清汪志伊	在(敏果齋七種)內	
荒政輯要	八卷	清姚碧		
荒政叢言	一卷	明林希元	在(荒政叢書)內	
荒政叢書	十卷	清俞森	在(墨海金壺)(守山閣叢書)(四庫全書)(瓶華書屋叢書)內	附錄二卷

晉書 五行志				參看農業經濟類
晉饑編	二卷			
桑梓五防 防饑		陸世儀	在(婁東雜著)內	全書一卷
捕蝗考	一卷	清陳芳生	在(四庫全書)(藝海珠塵)(長恩書屋叢書)(昭代叢書)(瓶華書屋所刊書)(半畝園藏書)(借月山房彙鈔)(學海類編)(藝圃搜奇)內	
捕蝗要訣	一卷			清錢炘初刊
捕蝗章程		清中鏡淳	見(顧彥治蝗全法)	
捕蝗集要	一卷	清俞森	在(荒政叢書)內	
捕蝗彙編	一卷	清陳僅	見(皇朝續文獻通考經籍考)	
捕蝗箕箴法	一卷		見(述古堂藏書目)	
除蝗備考	一卷	袁青綬	見(農籍稽古)	
區田圖說			在(大亭山館叢書)內	
區種五種				參看作物類
淳安荒政紀畧	一卷	王元基		

通志 災祥略 食貨略				參看農業經濟類
通典 食貨				同右
常平倉考	一卷	清俞森	在(荒政叢書)內	
救荒一得錄	一卷	馮嘉錫 朱祖蔭	在(救荒輯要初編)內	
救荒六十策	一卷	寄湘漁父		
救荒本草	四卷			參看植物之屬
又	二卷			同右
救荒全書	一卷	宋董煟	在(荒政叢書)內	
救荒百策	一卷	寄湘漁父		
救荒良方		高伯揚	見(韋爾氏中國古書考)	
救荒事宜	一卷	明周孔教	見(四庫全書總目)	
又	一卷	明張陛	在(學海類編)內	
救荒政議	一卷	明周孔教	在(荒政叢書)內	
救荒活民書	三卷	宋董煟	在(半畝園藏書)(四庫全書)(長恩書屋叢書)(珠叢別錄)(墨海金壺)內	附拾遺一卷
救荒活民補遺書	三卷	明朱熊		

救荒定議	一卷	陳瑚	在(婁東雜著)內	
救荒野譜	一卷			參看植物之屬
又	一卷			同右
救荒策	一卷	清魏禧	在(荒政叢書)(海栗廬叢書)內	
救荒策會	七卷	明陳龍正	見(四庫全書總目)	
救荒備覽	四卷	清勞潼	在(嶺南遺書)內	
救荒箸略	一卷	明劉世英	在(荒政叢書)內	
救荒錄	一冊		見(天一閣書目)	
救荒輯要初編	一冊			板存上海尙古山房
救荒簡易書	四卷	郭雲陞		
野菜譜	一卷			參看植物之屬
野菜博錄	四卷			參看植物之屬
康濟錄	六卷	清倪國璉	在(四庫全書)(瓶華書屋所刊書)內	
康濟譜 救荒				參看總記類
淵鑑類函 政術部 歲時部				參看博物之屬
輶車雜錄		清朱軾		與廣惠編合訂

欽定大清會典事例　戶部				參看農業經濟類
欽定大清會典　錢鈔				同右
欽定續文獻通考　國用考　物異考　市糴考				同右
欽定續通志　災祥略　食貨略				同右
欽定續通典　食貨				同右
博物典彙　荒政				同右
博雅備考　貯糴備荒				參看總記類
隋書　五行志				參看農業經濟類
備荒錄			見(救荒百策)	
備荒議	一卷	賀燦然	見(明史藝文志)	
無聞集	五卷	崔述	在(崔東壁叢書)內	
十三畫				
義倉考	一卷	清俞森	在(荒政叢書)內	
新唐書　五行志				參看農業經濟類
煮粥條議	一卷	明陳繼儒	在(學海類編)內	
鄖襄賑濟事宜		清俞森	在(荒政叢書)內	

筆畫	書名	卷冊	著者	出處	備考
	經濟類考約編 荒政				同右
十四畫	漢氾勝之遺書				參看作物類
	圖民錄	四卷	袁守定		
	賑豫紀畧	一卷	明鍾化民	在（荒政叢書）內	
十五畫	劉忠肅救荒錄	五卷	王居仁	見（直齋書錄解題）	
	廣治平略 貯糴篇 賑卹篇				參看農業經濟類
	廣事類賦 政治部				參看博物之屬
	廣惠編	一冊	清朱軾	在（朱公端公藏書十八種）內	
	實政錄 民務		呂坤		全書七卷
	畿輔義倉圖志		清方觀承		
十六畫	歷代名臣奏議 荒政				參看農業經濟類
	歷代制度詳說 荒政		宋呂祖謙	在（四庫全書）內	全書十二卷
十七畫	濟荒要略			見（顧彥治蝗全法）	清顧甦齋刻
十八畫	舊五代史 五行志				參看農業經濟類
	舊唐書 五行志				同右
二十畫	蘇菑錄	二冊			

廬陽荒政政錄		陸夢麟	在(天一閣書目)內
議賑貸			見(玉海食貨)
籌濟編	三十二卷	楊景仁	

二十一畫

饑民圖說	一卷	明楊東明	見(四庫全書總目)

名物詮釋類

書名（及篇名）	卷數或冊數	著作人	見於何書附註
三畫			
小爾雅	一卷	孔鮒	在(百名家書)(漢魏叢書)(續百川學海)(二瓻筆存)(顧氏文房小說)(龍威秘書)(格致叢書)(說郛)(金聲玉振集)(古今逸史)(蘉古介書)內
小爾雅約註	一冊	清朱駿聲	在(朱允倩所著書)內
小爾雅訓纂	一冊	清宋翔鳳	在(皇清經解續編)(浮溪精舍叢書)內
小爾雅略解	一卷	李軌	見(補晉書藝文志)
小爾雅疏	八卷	王煦	在(徐氏叢書)內
小爾雅疏證	一冊	葛其仁	在(思進齋叢書)內
小爾雅義證	十三卷	胡承珙	在(聚學軒叢書)(墨莊遺書)內
小爾雅廣注	十三卷	宋咸	見(清吟閣書目)
四畫			
方言	十三卷	漢揚雄	在(百名家書)(漢魏叢書)(格致叢書)(小學彙函)(古今逸史)(百子全書)(彙刻百子)(抱經堂彙刻書)(四庫全書)(四部叢刊)內

又	十四卷	王　浩	見(焦竑經籍志)	
方言注	十三卷	晉郭　璞	見(補晉書藝文志)	
方言校補	十三卷	顧震福	在(竹侯所著函雅故齋叢書)內	
方言疏證		清戴　震	在(戴氏遺書)內	
方言箋疏	十三卷	清錢　繹	在(積學齋叢書)(龍溪精舍叢書)內	
方言據		明岳元聲	在(學海類編)內	
方言類聚	四卷	明陳與郊	見(四庫全書總目)	
互注爾雅貫類	一卷		見(小學考)	
比雅	十九卷	清洪亮吉	在(粵雅堂叢書)(洪北江遺書)內	
分類字錦	六十四卷			
五畫				
古今字通釋	十四卷	呂世宜		
正字通		明張自烈	見(四庫全書總目)	
玉篇	三十卷	顧野王	在(四部叢刊)(小學彙函)內	
石藥爾雅	一冊	唐梅　彪	在(別下齋叢書)(稽古堂日鈔)內	
句讀補正	三十卷	王　筠	在(王氏說文五種)內	
六畫				
字林		呂　忱	在(說郛)內	按隋書經籍志作七卷

筆畫	書名	卷數	著者	備考
	字林考逸	八卷	任大椿	
	匡謬正俗	八卷	唐顏師古	在（藝海珠塵）（小學彙函）內
七畫	別雅		清吳玉搢	在（玲瓏山館叢刻）（四庫全書）內
	別雅訂	五卷	許瀚	在（滂喜齋叢書）（益雅堂叢書）內
八畫	事物異名錄	四十卷	厲荃原輯 關槐增纂	在（昌平叢書）內
九畫	段氏說文注訂	八卷	鈕樹玉	在（許學叢書）內
	拾雅注	四冊	夏味堂撰 夏紀堂注	
	急就	一卷	漢史游	見（前漢書藝文志）
	急就章注	一卷	顏之推	見（小學考）
	又	一卷	顏師古	同右
	急就章解	一卷	李孝謙	同右
	急就章解	一卷	曹壽	同右
	急就篇	四卷	漢史游著 宋王應麟註	在（小學彙函）（玉海）內
	急就篇注釋補遺		戴表元	見（小學考）
	急就篇補注	二卷	萬元泰	同右

十畫

急就篇續注音義證		劉芳	同右	
孫氏爾雅注		孫炎	在(東塾叢書)內	
校正方言	十三卷	清盧文弨	見(皇朝續文獻通考經籍攷)	
校正續方言	一卷	程際盛	在(藝海珠塵)內	
茶香室經說 爾雅		清俞樾	在(春在堂全書)內	
酒爾雅				參看農產製造類

十一畫

庶物異名疏	三十卷	明陳懋仁	見(四庫全書總目)	
埤雅	二十卷	宋陸佃	在(格致叢書)(四庫全書)(五雅)(益雅堂叢書)內	
埤雅廣要	二十卷	明牛衷	見(四庫全書總目)	
康熙字典	四十二卷	清張玉書等		
埤蒼	一卷	魏張揖	在(玉函山房輯佚書)內	

十二畫

集注爾雅	一卷	梁沈旋	同右	
解急就章	二卷	崔浩	見(小學攷)	
逸雅	八卷	漢劉熙		按此書即釋名
博雅	十卷	魏張揖	在(漢魏叢書)(益雅堂叢書)內	按此書即廣雅

十三畫				
新方言	十一卷	清章炳麟	在(章氏叢書)內	
農雅	六卷			參看總記類
彙雅	二十卷	明張萱	見(四庫全書總目)	
彙雅續編	二十八卷	明張萱	同右	
羣經平議 爾雅	二卷	清俞樾	在(春在堂全書)內	
十四畫				
說文古本攷	七冊	沈濤		
說文引經攷異	十六卷	柳榮宗		
說文引經攷證	八卷	陳瑑		
說文引詩辨證	一卷	明王育	在(婁東雜著)內	
說文外編	四冊	雷浚		
說文句讀	三十卷	王筠	在(王氏說文五種)內	
說文長箋	一百卷	明趙宧光		
說文段氏注匡繆	十五卷	徐承慶	在(咫進齋叢書)內	
說文段注訂	四卷	清鈕樹玉		
說文段注訂補	十四卷	王紹蘭	在(嘉業堂叢書)(蕭山王氏所著書)內	
說文校議	三十卷	嚴可均 姚文田	在(咫進齋叢書)內	

說文通訓定聲	二十四冊	朱駿聲	在(朱允倩所著書)內
說文通檢	二冊	黎永椿	
說文解字	十五卷	漢許慎	在(四部叢刊)(平津館叢書)(小學彙函)內
說文解字注	三十二卷	段玉裁	在(經韵樓叢書)內
說文解字校錄	三十卷	清鈕樹玉	見(皇朝續文獻通考經籍考)
說文解字斠詮	十四卷	錢坫	
說文解字羣經正字	八冊	邵英	
說文解字義證	五十卷	桂馥	
說文集注	一百二十四卷		在(蕭山王氏所著書)內
說文統釋	六十卷	清錢大昭	在(可廬著書十種)內
說文補正	二十卷	王筠	在(王氏說文五種)內
說文註箋	廿八卷		在(學壽堂叢書)內
說文箋正	十六卷	卞斌	在(卞雅堂所著書)內
說文辨學正俗	八卷	李富孫	
說文廣義	三卷	王夫之	在(船山遺書)內

說文繫傳	四十卷	南唐徐　鍇	在(四庫全書)(小學彙函)(四部叢刊)內
說文繫傳校錄	三十卷	王　筠	在(王氏說文五種)內
說文疑錦錄		萬光泰	在(昭代叢書)內
說文蠡箋	一卷	潘奕雋	在(許學叢書)內
說雅	二卷	清朱駿聲	在(花雨樓叢鈔)內
爾雅	十八葉		在(斠補隅錄)內
又	三卷廿篇		見(前漢書藝文志)
又	三卷	晉郭璞注	在(格致叢書)(四部叢刊)(五雅)內
又		王　雱	見(小學考)
爾雅小箋	三卷	清江　藩	在(鄦齋叢書)內
爾雅文字考		清戴　震	見(黃奭爾雅古義總序)
爾雅古注		劉玉麐	同右
爾雅古注斠	三卷	葉蕙心	在(小學類編)內
爾雅古義	二卷	胡承珙	在(墨莊遺書)內
又	二卷	清錢　坫	見(皇清經解續編)
又	十二卷	清黃　奭	在(漢學堂叢書)(守約編叢書)內

爾雅正字		清江藩	見(黃奭爾雅古義總序)
爾雅正郭	三卷	清潘衍桐	
爾雅正義	一冊	宋邢昺疏	
又	二十卷	邵晉涵	在(皇清經解)內
又	一卷	孫炎	見(小學考)
爾雅匡名		清嚴元照	在(皇清經解續編)(湖州叢書)內
爾雅李氏注	三卷	漢李巡	在(玉函山房輯佚書)內
爾雅注	五卷	裴瑜	見(小學考)
又		宋鄭樵	在(四庫全書)(津逮秘書)(學津討源)內
爾雅注疏正字		沈廷芳	見(黃奭爾雅古義總序)
爾雅注疏本正誤	五卷	清張宗泰	在(積學齋叢書)內
爾雅注疏考證			見(黃奭爾雅古義總序)
爾雅注疏校勘記	八卷	清阮元	
爾雅注疏箋補		任基振	見(小學考)
爾雅施氏音	一卷	陳施乾	在(玉函山房輯佚書)內
爾雅音義	一卷	晉郭璞	同右

又	三卷	唐陸德明	在(經典釋文)內
又	廿卷	陸佃	見(小學考)
爾雅孫氏注	三卷	魏孫炎	在(玉函山房輯佚書)內
爾雅孫炎正義		吳騫	見(黃奭爾雅古義總序)
爾雅草木蟲魚鳥獸釋例	一卷	王國維	在(廣倉學窘叢書)內
爾雅兼義	十卷		見(通志藝文略)
爾雅郭注佚存補訂	廿卷	王樹枏	在(文莫室叢書)內
爾雅郭注補正		清戴瑩	
爾雅參義	六卷	姜兆錫	在(姜氏九經補注)內
爾雅略義	十九卷	危素	見(焦竑經籍志)
爾雅詁	一冊	清徐孚吉	在(南菁書院叢書)內
爾雅註疏	十一卷	宋邢昺疏	在(四庫全書)(十三經注疏)內
爾雅疏	十卷	孫炎	見(小學考)
爾雅疏	七卷	高璉	見(小學考)
爾雅疏證	十九卷		見(嘉定錢氏藝文志略)
爾雅集解	十九卷	清王闓運	在(湘綺樓全書)內

又		陳　鱣	見（黃奭爾雅古義總序）
爾雅補		唐　達	見（小學考）
爾雅補注	四卷	周　春	在（觀古堂彙刻書）內
又	六卷	清姜兆錫	見（四庫全書總目）
爾雅補注殘本		清劉玉麐	在（幼順叢書）內
爾雅補郭	二卷	清翟　灝	在（玲瓏山館叢書）（益雅堂叢書）（皇清經解續編）（木犀軒叢書）（咫進齋叢書）內
爾雅經注集證		清龍啟瑞	在（皇清經解續編）內
爾雅犍為文學注	三卷	漢郭舍人	在（玉函山房輯佚書）（漢魏遺書鈔）內
爾雅義疏	廿卷	清郝懿行	在（皇清經解）（郝氏遺書）內
爾雅稗疏	四卷	繆　楷	在（南菁札記）內
爾雅新義	廿卷	宋陸　佃	在（粵雅堂叢書）內
爾雅裴氏注	一卷	唐裴　瑜	在（玉函山房輯佚書）內
爾雅綱目	一百廿卷	譚吉聰	見（小學考）
爾雅漢注	三卷	臧鏞堂	在（槐廬叢書）（問經堂叢書）內
爾雅疑義		吳　浩	見（黃奭爾雅古義總序）

爾雅圖讚	一卷	江灌	見(小學考)
爾雅樊氏注	一卷	漢樊光	在(玉函山房輯佚書)內
爾雅劉氏注	一卷	漢劉歆	同右
爾雅廣疏	三十卷	周春	在(周松靄遺書)內
爾雅廣義	五十一卷	譚吉璁	見(小學考)
爾雅餘	八卷	羅曰褧	同右
爾雅翼	三十二卷	宋羅願	在(格致叢書)(四庫全書)(五雅)(學津討源)內
爾雅翼音注	三十二卷	洪興祖	見(焦竑經籍志)
爾雅翼節本		陳櫟	見(元史藝文志)
爾雅謝氏音	一卷	陳謝嶠	在(玉函山房輯佚書)內
爾雅釋		潘翼	見(小學考)
又		余蕭客	見(黃奭爾雅古義總序)
爾雅釋文	二卷	唐陸德明	
又	一卷	孫奭	見(小學考)
爾雅釋文考證		清盧文弨	見(黃奭爾雅古義總序)

爾雅釋文補	三卷	錢大昭	在(可廬著述十種)內	
爾雅釋義	十卷		見(嘉定錢氏藝文志略)	
爾雅顧氏音	一卷	陳顧雅王	在(玉函山房輯佚書)內	
廣雅	十卷	魏張揖	在(格致叢書)(四庫全書)(古今逸史)(小學彙函)(五雅)內	按此書即博雅
廣雅注	二卷		在(抱經堂彙刻書)內	
廣雅注	三卷	清盧文弨	見(小學考)	
廣雅疏義	廿卷	錢大昭	在(可廬著述十種)內	
廣雅疏證	十卷	清王念孫	在(皇清經解)(高郵王氏五種)(畿輔叢書初編)內	
廣雅疏證補正	一卷	清王念孫	在(廣倉學窘叢書)內	
廣雅補疏	四卷	清王樹枏	在(文莫室叢書)內	
廣韻	五卷		在(小學彙函)(四部叢刊)內	
廣釋名	二卷	張金吾	在(粵雅堂叢書續集)(益雅堂叢書)(知不足齋叢書)內	
廣續方言	四卷	程先甲	在(千一齋叢書)內	

十七畫	聲類	四卷	清錢大昕	在(潛研堂全書)內	
十八畫	駢雅	七卷	明朱謀㙔	在(四庫全書)(借月山房彙鈔)(雜著)內	
	駢雅訓纂	八冊	清魏茂林		
十九畫	辭源	二冊	陸爾奎等		
二十畫	釋名	八卷	漢劉熙	在(稗伯敬評秘書十八種)(格致叢書)(五雅)(漢魏叢書)(小學彙函)(古今逸史)(百名家書)(四部叢刊)內	按此書即逸雅
	又	三十篇	劉珍	見(小學考)	
	釋名校補	八卷	顧震福	在(竹侯所著函雅故齋叢書)內	
	釋名疏證		清畢沅	在(經訓堂叢書)(融經館叢書)內	
二十一畫	續方言	一冊	清杭世駿	在(道古雜著七種)、(四庫全書)(昭代叢書)(藝海珠塵)內	
	續方言又補	二卷	徐乃昌	在(鄦齋叢書)(隨盦所著書)內	
	續方言即補	一卷	清杭世駿	在(藝海珠塵)內	
	續方言補	一卷	清程際盛	在(藝海珠塵)內	
	續方言疏證	二卷	清沈齡	在(木犀軒叢書)內	

續方言新校補	二卷	清張愼儀	
續方言類聚	五卷	程先甲	在（千一齋叢書）內
續爾雅	一卷	劉伯莊	見（通志藝文略）
續廣雅	二冊	清劉燦	

博物類 參看名物詮釋類園藝類物產類水產類

(一)博物之屬

書名及篇名	卷數或冊數	著作人	見於何書	附註
二畫				
十洲記	一卷	漢東方朔	在(彙刻百子)(五朝小說)(寶顏堂秘笈)(漢魏叢書)(說郛)(顧氏文房小說)(龍威秘書)(古今逸史)(百子全書)內	
八紘譯史	四卷			參看物產類
三畫				
三才圖會	一百六卷	明王圻		
三百篇禽獸草木考	一卷	清徐士俊	在(檀几叢書)內	
山居清賞	廿八卷	明程棨	見(四庫全書總目)	
山海經	十八卷	晉郭璞注	在(古今逸史)(百名家書)(四庫全書)(山水二經)(經訓堂叢書)(百子全書)(四部叢刊)(秘書廿一種)(彙刻百子)(格致叢書)內	山海經等似涉誕妄但齊民要術本草綱目等均引用此書茲收入此屬藉資參考
山海經補注	一卷	明楊慎	在(藝海珠塵)(函海)(升庵外集)(彙刻百子)(百子全書)內	

四畫

山海經圖	十卷	宋舒雅等	見(通志藝文略)	
山海經圖贊	一卷	晉郭璞	在(夔古介書)(藝海珠塵)(現古堂彙刻書)(彙刻百子)(秘冊彙函)(四錄堂類稿)(百子全書)內	
山海經圖讚補逸		清盧文弨	在(羣書拾遺初編)內	
山海經箋訂僞	一卷	郝懿行	在(郝氏遺書)內	
山海經箋疏	十八卷	郝懿行	在(龍溪精舍叢書)(郝氏遺書)內	
山海經箋圖讚	一卷	郝懿行	在(龍溪精舍叢書)(郝氏遺書)內	
山海經廣注	十八卷	清吳任臣	在(四庫全書)內	
山海經贊	一卷	晉郭璞	在(唐宋叢書)(漢魏叢書)(指海)內	
山海經釋義	十八卷	明王崇慶	見(四庫全書總目)	附圖二卷
山堂肆考	二百二十八卷	明彭大翼	在(四庫全書)內	
小學紺珠 動物類		宋王應麟	在(玉海)(四庫全書)內	小學紺珠十卷
大觀本草	三十卷	宋唐愼微		參看證類本草
中山傳信錄	六卷	清徐葆光	見(四庫全書總目)	
中州雜俎 物函				參看物產類

中華古今注	三卷	五代馬　淳	在(秘書二十一種)(古今逸史)(說郛)(百川學海)內	
元中記	一卷	晉郭　氏	在(十種古逸書)(王函山房輯逸書)(說郛)(漢唐地理書鈔)內	
元史 五行志	二卷			參看農業經濟類
日用本草	八卷	元吳　瑞	見(本草綱目序例)	
太平御覽	一千卷	宋李昉等		
太平廣記	五百卷	宋李　昉		
文寄豹斑	十二卷	明陳繼儒	見(四庫全書總目)	
文獻通考 物異考	二十卷			同右
五侯鯖	十二卷	彭儼若		
升庵外集 植物 動物		楊　愼		全書二十四冊
毛詩名物解	二十卷	宋蔡元度	在(四庫全書)(通志堂經解)內	
毛詩名物圖說	九卷	清徐　鼎		
毛詩多識編	七卷	明林兆珂	見(四庫全書總目)	
毛詩品物圖考	七卷	浪華岡元鳳		

毛詩草木魚蟲圖	二十卷		見（通志藝文略）	
毛詩草木鳥獸蟲魚疏	二卷	晉陸璣	在（鹽邑志林）（四庫全書）（寶顏堂秘笈）（說郛）（晨風閣叢書甲集）（古經解彙函）（龍溪精舍叢書）內	
毛詩草木鳥獸蟲魚疏廣要		明毛晉	在（津逮秘書）（學津討源）內	
毛詩草木鳥獸蟲魚疏校正	二卷	趙佑	在（清獻堂全編）（聚學軒叢書）內	
毛詩草蟲經	一卷		在（玉函山房輯佚書）內	按南菁書院叢書內詩陸氏疏序云草蟲經即陸璣毛詩草木鳥獸蟲魚疏
毛詩拾遺	一卷	晉郭璞	在（玉函山房輯佚書）內	
毛詩陸疏校正	二卷	丁晏	在（頤志齋叢書）內	
毛詩後箋	三十卷	胡承珙	在（廣雅書局叢刊）內	
毛詩補疏		焦循	在（焦氏叢書）內	
毛詩義問	一卷	魏劉楨	在（玉函山房輯佚書）內	
毛詩鳥獸草木考	二十卷	明吳雨	見（四庫全書總目）	
毛詩傳箋通釋	三十二卷	馬瑞辰	在（廣雅書局彙刻書）（皇清經解續編）內	
毛詩鄭氏箋補疏	五卷	焦循	在（焦氏叢書）內	

五畫

毛詩類釋	二十一卷	清顧棟高	在(四庫全書)內	
毛詩類釋續編	三卷	清顧棟高	同右	
丹鉛總錄	二十七卷	楊慎		
丹鉛續錄	十卷	楊慎		
六家詩名物疏	五十四卷	明馮應京		
巴蜀異物志		譙周	在(漢唐地理書鈔)內	
日華諸家本草	二十卷	大明	見(本草綱目序例)	
古今注	三卷	晉崔豹	在(顧氏文房小說)(古今逸史)(格致叢書)(四朝子史彙鈔)(漢魏叢書)(彙刻百子)(百名家書)(秘書二十一種)(畿輔叢書初編)(百子全書)內	
古今注校正	三卷	顧震福	在(竹候所著函雅故齋叢書)內	
古今事物原始	三十卷	明徐炬	見(四庫全書總目)	
古今圖書集成 庶徵典	一百八十八卷			參看災荒類
古州雜記				參看物產類
北戶錄	三卷			同右

北徼方物攷	一卷			同右
四明人本草拾遺	二十卷		見(通志藝文略)	
冊府元龜 帝王部符瑞 閏位部祥瑞				參看農業經濟類
本草	二卷	徐大山		
本草別說		宋陳　承	見(本草綱目序例)	
本草述	十六冊	清劉若金		
本草述鉤元	十二冊	清楊時泰		
本草括要	三卷	張文懿	見(通志藝文略)	
本草音義	二卷	李含光	同右	
又	二卷	殷子嚴	同右	
又	三卷	姚　最	同右	
又	七卷	甄　權	同右	
又	二十卷	孔志約	同右	
本草洞詮	二十卷	清沈　穆		
本草衍義	廿　卷	宋寇宗奭	在(衛生彙編第一集)(十萬卷樓叢書)內	
本草衍義補遺		元朱震亨	見(本草綱目序例)	

本草拾遺	十卷	唐陳藏器	同右
本草原始	十二卷	清李中立	
本草崇原	三冊	清張志聰注	在(醫林指月)內
本草乘雅半偈	十卷	明盧之頤	在(四庫全書)內
本草從新		吳儀洛	在(吳氏醫學述七種)內
本草鈔	四卷		見(通志藝文略)
本草集要	八卷	王綸	見(本草綱目序例)
本草集錄	二卷		見(通志藝文略)
本草發揮	三卷	徐彥純	在(薛立齋醫案全集)內
本草滙			見(植物名彙前編)
本草經		漢吳普述 清孫星衍等輯	在(醫學叢書十二種)內
又	三卷	王孝璞	見(通志藝文略)
又	四卷	蔡英	同右
本草經略	一卷		同右
本草彙言			見(植物名彙前編)
本草會編		明王機	見(本草綱目序例)

書名	卷數	著者	版本	備註
本草蒙筌	十二卷	陳嘉謨	同右	
本草綱目	五十卷	明李時珍		
本草綱目求眞	十冊	黃爲鶚		
本草綱目拾遺		清趙學敏	在(利濟十二種)內	
本草圖譜			見(植物名彙前編)	
本草訶括		元胡仕可	見(本草綱目序例)	
玉海 祥瑞志				參看農業經濟類
四聲本草	四卷	唐蕭炳	見(通志藝文略)	

六畫

書名	卷數	著者	版本	備註
交州記	二卷			參看物產類
交趾異物志		楊孚	在(漢唐地理書鈔)內	
西京雜記	六卷		在(四部叢刊)(學津討源)(龍威秘書)(龍溪精舍叢書)(古今逸史)(快閣藏書)(稗海)(歷代小史)(五朝小說)(津逮秘書)(漢魏叢書)(名賢說海)內	按四庫全書目錄云西京雜記舊本或題漢劉歆撰或題晉葛洪撰實則梁吳均撰
名物類攷	四卷	明耿隨朝	見(四庫全書總目)	
名醫別錄	七卷	梁陶弘景注	見(本草綱目序例)	

伏候古今注		漢伏無忌	在（十種古逸書）（玉函山房輯佚書）內	
行厨集 人物稗謂		李之彤 汪建封合輯		全書十八卷
考槃餘事 魚鶴箋 香箋				參看茶類
多識類編	二卷	淸曹昌言	見（四庫全書總目）	
君子堂日詢手鏡	一卷	明王濟	在（顧氏明朝四十家小說）（明人子史彙鈔）（梓吳）（說庫）內	
吳氏本草	一卷	魏吳普	在（漢唐地理書抄）內	
李氏草秘			見（本草綱目拾遺）	
李氏藥錄		魏李當之	在（漢唐地理書鈔）內	
宋史 五行志				參看農業經濟類
宋書 五行志 符瑞志				參看災荒類
扶南異物志	一卷	朱膺	在（漢唐地理書鈔）內	
赤雅		明鄺露		參看物產類
赤溪雜志				同右
酉陽雜俎	十四葉		在（斠補隅錄）內	

八畫

又	廿卷	唐段成式	在(四部叢刊)(唐人說薈)(龍威秘書)(學津討源)(湖北叢書)(津逮秘書)(崇文書局彙刻書)(稗海)內	
酉陽雜俎續集	十卷	唐段成式	在(四部叢刊)(津逮秘書)(學津討源)(崇文書局彙刻書)(湖北叢書)(津逮秘書)內	
初學記	三十卷	徐堅等		
刪繁本草	五卷	楊損之	見(通志藝文略)	
花木鳥獸集類	三卷	清吳寶芝	在(四庫全書)內	
花鳥春秋		張潮	在(檀几叢書)內	
花曆百詠			見(植物名彙前編)	
明史　五行志				參看農業經濟類
金史　五行志				同右
空同子		李夢陽	在(說郛續)(金聲玉振集)(彙刻百子)(廣百川學海)(明世學山)(百子全書)內	
庚辛玉冊		明寧獻王	見(本草綱目序例)	
林邑記		漢東方朔	在(說郛)(漢堂地理書鈔)內	

事言要元	三十二卷	明陳懋學	見(四庫全書總目)	
事物考辨	六十二卷	清周象明	見(四庫全書總目)	
事物紀原	十卷	宋高承	在(四庫全書)(格致叢書)(淡生堂餘苑)(惜陰軒叢書)內	
事物原會	四十卷	汪汲	在(古愚老人消夏錄)內	
事物紺珠	四十一卷	明黃一正	見(四庫全書總目)	
事類通編	九十三卷			味經堂林氏彙刊
事類賦	三十卷	宋吳淑	在(四庫全書)內	
事類賦補遺	十四卷	張均		
長物志	十二卷	明文震亨	見(說庫)(四庫全書)(硯雲甲編)(粵雅堂叢書)內	
東海小志	一卷			參看物產類
物理小識	十二卷	方以智		
表異錄	二十卷	明王志堅	在(惜陰軒叢書)內	
坤輿外紀	一卷			同右
典籍便覽		明范泓		全書八卷

風土記	一卷	晉周處	在（四錄堂類稿）（說郛）（五朝小說）內	按新唐書藝文志作風土記十卷
胡本草	七卷	鄭虔	見（通志藝文略）	
南方異物志	一卷	房千里	見（宋史藝文志）	
南州異物志		徐衷	見（蘇頌本草）	
南州異物志	一卷	萬震	在（漢唐地理書鈔）內	
南高平物產記	二卷			參看物產類
南裔異物志		楊氏	見（隋書經籍志考證）	
南越筆記	十六卷			同右
南齊書 祥瑞志				參看農業經濟類
泉南雜志	二卷			參看物產類
香乘	廿八卷	明周嘉胄	見（江蘇第一圖書館書目）	
洞冥記	四卷	漢郭憲	在（彙刻百子）（漢魏叢書）（百子全書）內	
洱海叢談				參看物產類
重修政和經史證類本草	三十卷	宋唐愼微	在（四部叢刊）內	是書或題大觀本草此爲金泰和中晦明軒據宋政和六年曹孝忠校本重刊故以政和爲名參看證類本草

十畫

述異記	二卷	梁任昉	在(稗海)(格致叢書)(漢魏叢書)(說郛)(百子全書)(彙刻百子)(百名家書)(龍威秘書)內	
皇朝文獻通考　物異考				參看農業經濟類
皇朝續文獻通考　物異考				同右
皇朝通志　昆蟲草木畧　災祥略物類				同右
計然萬物錄	一卷	辛文子	在(龍溪精舍叢書)(十種古逸書)內	
後漢書　五行志				參看災荒類
拾遺記	十卷	晉王嘉	在(彙刻百子)(稗海)(古今逸書)(秘書二十一種)(百子全書)內	
草木蟲魚說			見(圖書集成草木典)	
唐本草	七卷	唐李勣等	見(本草綱目序例)	按本草綱目序例云李勣等修神農本草經增為七卷世謂之英公唐本草
又	廿卷	唐蘇恭	見(本草綱目序例)	按本草綱目序例云蘇恭唐新本草二十卷目錄一卷別為藥圖二十五卷圖經七卷共五十三卷
唐類函	二百卷	明俞安期		

校正陸璣毛詩草木鳥獸蟲魚疏	二卷	丁晏	在(古經解彙函)內	
時物典彙	二卷	明李曰華		
秦承祖本草	六卷		見(通志藝文略)	
兼明書	五卷	宋邱光庭	在(淡生堂餘苑)(說郛)(寶顏堂秘笈)(眞意堂叢書)(四庫全書)內	
晉書 五行志				參看農業經濟類
格致鏡原	一百卷	清陳元龍		
益部方物略記	一卷			參看物產類
益部談資				同右
荆揚異物志		薛瑩	在(漢唐地理書鈔)內	
神異經	一卷	漢東方朔	在(漢魏叢書)	
神農本草	四卷	雷公集注	見(通志藝文略)	
又	八卷	陶隱居集注	見(通志藝文略)	
神農本草經	三卷	魏吳普等述 清孫星衍等輯	在(周氏彙刻醫學叢書)(聞經堂叢書)內	
又	四卷	清顧觀光	在(武陵山人遺書)內	

神農本草經百種錄	一卷	清徐大椿	在(四庫全書)內	
神農本草經贊		吳普等述經 葉志詵撰贊		
神農本草經讀	四卷	陳念祖	在(南雅堂全集)內	
桂海虞衡志	一卷			參看物產類
海語	三卷			同右
海槎餘錄	一卷			同右
海藥本草	六卷	唐李珣	見(本草綱目序例)	即南海藥譜
剡錄	十卷			參看物產類
陸氏毛詩草木蟲魚疏校正	二卷	趙佑	在(清獻堂全編)內	
陸氏草木鳥獸蟲魚疏	二卷	焦循考訂	在(南菁書院叢書)內	
陸機要覽		晉陸機	在(說郛)(玉函山房輯佚書)(五朝小說)內	
涼州異物志	一卷		在(二酉堂叢書)(漢唐地理書鈔)內	
通志 昆蟲草木畧	二卷			參看農業經濟類
通俗編 獸畜 禽魚 草木		翟灝		全書三十八卷
通雅	五十二卷	明方以智		
清異錄	四卷	宋陶穀	在(說郛)(陳刻二種)內	

十二畫

康熙幾暇格物	二冊			
紹興校定本草	廿二卷	王繼先等	見(文獻通考經籍考)	
鳥獸蟲魚釋	一卷	陳宗起	在(養志居僅存稿)內	
採蘭雜志			在(說郛)內	
淵鑑類函	四百五十卷	康熙時敕撰		
硯北雜錄		清黃叔琳	見(四庫全書總目)	
華夷草木鳥獸珍玩考	十卷	明愼懋官	見(四庫全書總目)	
粵西偶記	一卷			參看物產類
粵志			見(本草綱目拾遺)	
粵語			同右	
博物志	十卷	張華	在(龍溪精舍叢書)(秘書二十一種)(快閣藏書)(漢魏叢書)(格致叢書)(古今逸史)(紛欣閣叢書)(彙刻百子)(百名家書)(士禮居叢書)(稗海)(指海)(百子全書)內	
博物志補	二卷	明游潛	見(四庫全書總目)	
博物志補編	二卷	周心如	在(紛欣閣叢書)內	

博物志疏證			在（陳氏叢書）內	
博物要覽	十二卷	谷應泰	在（函海）內	
異物志		王逸	見（白氏中國植物學）	
又	三卷	沈如筠	見（崇文總目）	
又		孫暢	見（初學記）	
又	一卷	陳祈暢	在（漢唐地理書鈔）內	
又	一卷	後漢楊孚	在（嶺南遺書）內	
又		曹叔雅	在（漢唐地理書鈔）內	
又		薛翊	見（隋經籍志考證）	
又	十卷	續咸	見（補晉書藝文志）	
異物評	二卷	張華	見（宋史藝文志）	
異苑	十卷	劉敬叔	在（學津討源）內	
欽定續文獻通考 物異考				參看農業經濟類
欽定續通志 昆蟲草木畧				同右
番禺記異集	五卷	馮拯	見（通志藝文略）	
番境補遺				參看物產類

隋書 五行志				參看農業經濟類
游宦紀聞	十卷	張世南	在(稗海)內	參看物產類
順寧雜著				同右
發蒙記	一卷	晉束皙	在(說郛)(玉函山房輯佚書)(漢唐地理書鈔)內	
湧幢小品	三十二卷	明朱國楨		

十三畫

蜀本草	二十卷	蜀韓保昇等	見(本草綱目序例)	
蜀語			見(植物名實圖考長編)	
新本草	四十一卷	王方慶	見(通志藝文略)	
新修本草	二十一卷	蘇敬	見(新唐書藝文志)	
新修本草圖	廿六卷	蘇敬	同右	
新唐書 五行志		宋歐陽修		
新詳定本草	廿卷	宋盧多遜	見(通志藝文略)	
稗史彙編	一百五十九卷	王圻纂		
經史證類大觀本草	三十一卷	宋唐愼微	見(皕宋樓藏書志)	參看證類本草

詩名物證古	一卷	清俞樾	在(皇清經解續編)(春在堂全集俞樓雜纂)內	
詩草木鳥獸蟲魚廣疏	六卷		見(宋史藝文志)	
詩經考	十八卷	明黃文煥	見(四庫全書總目)	
詩經稗疏	四卷	清王夫之	在(四庫全書)(王船山遺書)內	
詩義疏			見(齊民要術)	
詩傳名物集覽	十二卷	清陳大章	在(四庫全書)(湖北叢書)內	
詩集傳名物鈔		元許謙	在(金華叢書)(昌平叢書)(通志堂經解)內	
詩識名解	十五卷	清姚炳	在(四庫全書)內	
滇南本草			見(植物名彙前編)	
滇南新語				參看物產類
滇南雜志				同右
滇海虞衡志				同右
飲食須知	八卷	元賈銘	在(學海類編)內	
楚書	一卷			同右
彙書詳注	三十六卷			

補筆談（藥議）		宋沈括	在(唐宋叢書)(寶顏堂秘笈)(說庫)(四庫全書)內	全書二卷
資暇集	三卷	唐李匡義	在(學海彙編)(四庫全書)內	
瑞應圖	一卷	孫柔之	在(玉函山房輯佚書)內	
楊議郎著書	一卷			參看物產類
溪蠻叢笑	—			同右
維西見聞紀	一卷			同右
寧波物產表				同右
閩書	一百五十四卷			同右
閩遊紀略				同右
閩雜記				同右
嘉祐補注本草	二十卷	宋掌禹錫	見(本草綱目序例)	
爾雅圖	二卷	江灌	見(小學考)	
又	十卷	晉郭璞	見(通志藝文畧)	
爾雅圖贊	一卷	晉郭璞	在(玉函山房輯佚書)(漢魏遺書鈔)內	
說嵩				參看物產類

十五畫

圖經本草	二十一卷	宋蘇頌	見（本草綱目序例）	
夢溪筆談 藥議		宋沈括	在（玉海堂景宋元本叢書）（稗海）（四朝小史彙鈔）（津逮秘書）（四庫全書）（說庫）內	
開寶本草	二十一卷	宋馬志	見（本草綱目序例）	按宋史藝文志作李昉開寶本草二十卷目一卷
劉氏鴻書	二十冊	劉仲達		
穀玉類編	十冊	清汪兆舒		
廣州記		裴淵		參看物產類
又		顧微		同右
廣志		晉郭義恭	在（說郛）（玉函山房輯佚書）（漢唐地理書鈔）內	
廣東新語	二十八卷			參看物產類
廣事類賦	四十卷	清華希閔		
廣博物志	五十卷	明董斯張		
廣廣事類賦	三十二卷	清吳世旃		
廣類賦	二十卷	史以甲		

黎岐紀聞				參看物產類
劍南方物略圖讚	一卷			同右
墨客揮犀	十卷	宋彭乘	在(說郛)(古今說海)(稗海)(四庫全書)內	
蔡邕本草	七卷		見(通志藝文略)	
質聞本草	七卷		見(植物名彙前編)	
潯陽蹠醢	六卷			同右
課業餘談		陶焯	在(學海類編)內	
潛確類書	一百二十卷	陳仁錫		
十六畫				
澠水燕談錄 事誌		宋王闢之	在(稗海)內	全書十卷
辨物小志		明陳絳	在(學海類編)內	
霏雪錄		元劉績	在(學海類編)內	
諸番志	二卷			參看物產類
隨費本草	九卷		見(通志藝文略)	
十七畫				
嶺外代答	十卷			同右
嶺南異物志	一卷	孟琯	在(漢唐地理書鈔)內	
嶺南雜記	一卷			

	嶺表錄異	三卷	唐劉恂	在（守約編叢書）（漢唐地理書鈔）（說郛）（武英殿聚珍版書）（五朝小說）（說庫）（浙江刊聚珍版書）（唐人說薈）（四庫全書）內	
	黔中紀聞				參看物產類
	黔記				同右
	黔書				同右
十八畫	舊唐書 五行志				參看農業經濟類
	魏書 靈徵志				同右
十九畫	藝文類聚	一百卷	唐歐陽詢	在（四庫全書）內	
	藝林岱	二十卷	楊慎	在（函海）（升庵著作）內	
	韻圃羣芳	八卷	姚焜		
	廬陵異物志			在（漢唐地理書鈔）內	
	類書纂要	三十三卷	清周魯		
	類腋	十六冊	姚培謙		
	繪圖本草綱目彙言		李蘋湖 倪純宇	見（美國國會圖書館書目）	

筆畫	書名	卷數	著者	出處	備考
	證類本草	三十一卷	宋唐愼微	見（本草綱目序例）	按本草綱目云證類本草改名大觀本草政和中復命曹孝忠校正故又謂之政和本草
	離騷草本蟲魚疏	一卷	劉杳	見（舊唐書藝文志）	
二十畫	雙溪物產疏	十五卷			參看物產類
二十一畫	續山海經	十卷	宋李械	見（陸友仁硯北雜志）	
	續博物志	十卷	唐李石	在（秘書廿一種）（唐宋叢書）（格致叢書）（古今逸史）（百子全書）（彙刻百子）（百名家書）（稗海）內	
	續博物志疏證			在（陳氏叢書）	
	續廣博物志	十六卷	淸徐壽基	在（志學齋全集）內	
	續黔書	八卷			參看物產類
二十二畫	讀山海經	一卷	俞樾	在（春在堂全集俞樓雜纂）內	
	讀詩釋物	二十一卷	方璵宇		
二十四畫	靈秀本草圖	六卷	原平仲	見（通志藝文略）	

博物類

(二)植物之屬

筆畫	書名及篇名	卷數或冊數	著作人	見於何書	附註
二畫	九穀考	四卷			參看作物類
四畫	毛詩九穀釋義	一卷	陳奐	在(古學彙刊第一集)內	
五畫	平泉山居草木記	一卷	唐李德裕	在(說郛)(唐人說薈)(五朝小說)內	
	古今圖書集成 草木典	三百二十卷			
六畫	全芳備祖 前集 後集	廿七卷 卅一卷	宋陳景沂	在(四庫全書)內	
	名香譜		葉廷珪	在(植物名實圖考長編)(說郛)內	
	百草鏡			見(本草綱目拾遺)	參看茶類
七畫	何首烏傳	一卷	楊升菴	見(世善堂藏書目錄)	
	何首烏錄	一卷	唐李翺	在(說郛)內	
八畫	采芳隨筆				參看園藝總記之屬
	芝草圖	三十卷	孫思邈	見(宋史藝文志)	
	又	二卷	陸修靜	見(述古堂藏書目)	
	芝譜	一卷		在(山居雜志)內	

南方草木狀	三卷	晉嵇含	在(龍威秘書)(百川學海)(龍溪精舍叢書)(四庫全書)(格致叢書)(小史集雅)(百名家書)(說郛)(山居雜志)(文房奇書)(五朝小說)內	
南方草物狀		徐衷	在(漢唐地理書鈔)內	
郊居草木記	一卷		見(通志藝文略)	
香乘	二十八卷	明周嘉胄	在(四庫全書內)	
香譜	二卷	宋陳敬	在(適園叢書)(四庫全書)內	四庫全書作四卷
又	二卷	洪芻	在(百川學海)(唐宋叢書)(藝圃搜奇)(說郛)(百名家書)(格致叢書)(學津討源)內	
又	一卷	沈立	見(宋史藝文志)	
又	一卷	陳達叟	在(文房奇書)內	
又		喬福	在(三續百川學海)內	
香韻	一卷	華淑	在(閒情小品)內	
茗譜	六卷	清汪憲	見(四庫全書總目)	

書名	卷數	著者	出處	備考
秋園雜佩	一卷	清陳貞慧	在(昭代叢書)(說庫)(粵雅堂叢書)(常州先哲遺書)內	
十畫				
草木疏校正	二卷	清趙佑	見(皇朝續文獻通考經籍考)	
草藥圖		羅思舉	見(植物名實圖攷)	
草譜		宋詡	在(三續百川學海)內	
格古要論 異木		明曹昭	在(四庫全書)(夷門廣牘)(格致叢書)內	全書三卷
益州草本記			見(古今圖書集成)	
桐君采藥錄	二卷		見(本草綱目序例)	
十一畫				
救荒本草	四卷	明周王橚	在(四庫全書)(格致叢書)(農政全書)內	或誤題周憲王撰
又	二卷	明文換	見(南洋中學藏書目)	
救荒野譜	一卷	黃西樓	見(農籍稽古)	
又	一卷	姚可成	在(借月山房彙鈔)內	
淮南草木譜			見(古今圖書集成)	
野菜博錄	四卷	明鮑山	在(四庫全書)內	
野菜箋	一卷	明屠本畯	在(說郛續)內	
野菜贊	一卷	清顧景星	在(昭代叢書)內	

	野菜譜	一卷	明王　磐	在(說郛)(三續百川學海)(山居雜志)(農政全書)內	
	又		滑　浩	見(叢書舉要說郛續)	
	野蔌品	一卷	明高　濂	在(說郛續)(續廣百川學海)(家居必備)內	
十二畫	黃山松石譜	一卷	閔麟嗣	在(昭代叢書)內	
	黃孰香考		萬　泰	在(檀几叢書)內	
	植物名實圖考	三十八卷	清吳其濬		
	植物名實圖攷長編	二十二卷	清吳其濬		
	菖蒲傳	一卷		見(宋史藝文志)	
十三畫	園林草木疏		王方慶	在(說郛)內	
	新增格古要論 異木論		曹照著 王佐編	在(惜陰軒叢書)內	全書十三卷
	楚辭芳草譜		宋謝　翱	在(說郛)內	
十四畫	箋卉	一卷	清吳　菘	在(昭代叢書)內	
	彰明附子記	一卷	楊天惠	在(說郛)(植物名實圖考長編)(古今圖書集成草木典)內	
十六畫	蕉窗九錄 香錄				參看農產製造類

十九畫	藝林彙考 植物篇		清沈自南	在(四庫全書)內	全書二十四卷
	藥錄		李當之	在(說郛)內	
	離騷草木史		周拱辰	在(周孟侯全集)內	
	離騷草木疏	二卷	劉杳	見(隋書經籍志)	
	又	四卷	宋吳仁傑	在(龍威秘書)(榕園叢書)(崇文書局彙刻書)(知不足齋叢書)(守約編叢書)內	
	離騷草木疏補	四卷	明屠本畯	見(欽定續文獻通考經籍考)	
	離騷草木疏辨證	四卷	祝德麟	見(書目問答)	
二十畫	釋草小記	一卷	程瑤田	在(皇清經解)(通藝錄)內	
	釋穀	四卷			參看作物類
二十一畫	灌園草木識			見(植物名彙前編)	
二十四畫	靈芝記	五卷	穆修靖	見(宋史藝文志)	
	靈芝瑞草經			見(本草綱目序例)	

博物類

(三)動物之屬

畫	書名及篇名	卷數或冊數	著作人	見於何書	附註
五畫	古木古串鶻鴿論譜	一卷		見(述古堂藏書目)	
	古今圖書集成 禽蟲典	一百十二卷			
	四明龍薈	一卷	明聞性道	見(四庫全書總目)	
	四蟲備覽		倪廷模		
六畫	江南魚鮮品	一卷			參看水產類
	羽扇譜 品類		張燕昌	在(昭代別集)內	
	羽族通譜		來集之	在(檀几叢書)內	
	肉攫部	一卷	唐段成式	在(五朝小說)(說郛)(唐人說薈)內	
七畫	見物	五卷	明李蘇	在(惜蔭軒叢書)內	
八畫	東川白氏鷹經	一卷	堯須跋	見(通志藝文略)	
	虎苑		明王穉登	在(說郛續)(廣百川學海)(翠琅玕館叢書)內	
	虔薈	六卷	明陳繼儒	見(四庫全書總目)	
	物異考	一卷	明方鳳	見(四庫全書總目)	

	物類相感志 禽魚				參看園藝類總記之屬
	物類相感續志 禽魚				同右
	花鏡 禽獸鱗蟲考				參看園藝類花屬
九畫	相鶴經		周履靖	見(絳雲樓書目)	
	又	一卷	浮丘公	在(夷門廣牘)(說郛)(五朝小說)內	
十畫	海味索隱		屠本畯	在(說郛續)(一瓻筆存)內	參看水產類
	記海錯	一卷			同右
十一畫	魚品	一卷			同右
	淮南八公相鵠經			見(通志藝文略)	
	異魚圖	五卷			參看水產類
	異魚圖贊	四卷			同右
	異魚圖贊補	二卷			同右
	異魚圖贊箋	四卷			同右
	跎譜	一卷	陳鼎	在(昭代別集)內	
十二畫	書眉筆談	一卷	清陳均	在(昭代別集)內	
	然犀志	二卷			同右

十三畫	猩猩傳	一卷	王綱	見(通志藝文畧)	
	補禽經			在(古今圖書集成)內	
	禽經	一卷	晋張華	在(格致叢書)(百名家書)(唐宋叢書)(五朝小說)(百川學海)(漢魏叢書)(說郛)(四庫全書)內	
	禽蟲述	一卷	袁達	在(山居雜志)(小史集雅)內	
	禽獸決錄		卞彬	在(說郛)內	
十四畫	閩中海錯疏	三卷			參看水產類
	說蛇		趙彪詔	在(昭代別集)內	
	銜蟬小錄	四卷	孫蓀意	見(皇朝續文獻通考經籍考)	
十五畫	談虎	一卷	趙彪詔	在(昭代叢書)內	
	論衡 商蟲篇 講蟲篇 指瑞篇		王充	在(四部叢刊)內	全書三十卷
十六畫	燕子春秋	一卷	郝懿行	在(郝氏遺書)內	
	遵生八牋 養雞要畧		明高濂		參看園藝類花屬
	貓乘		王初桐	在(昭代別集)(古香堂十三種叢書)內	
	龍經		王晫	在(昭代叢書)內	

十七畫	臨海水土異物志		沈　瑩	在(漢唐地理書鈔)內	
十八畫	蟲天志	十　卷	明沈宏正	見(四庫全書總目)	
	蟲異賦	一　卷	林朝儀	見(述古堂藏書目)	
	蟲薈	五　卷	清方旭		
	蟫史		明穆希文	在(說郛)內	
	蠶經		蔣德景	在(說郛續)內	
十九畫	識物		陳　僖	在(昭代叢書)內	
	獸經	二　卷	明黃省曾	在(格致叢書)(述古叢鈔)(廣百川學海)(百名家書)(說郛續)(琹琅玕館叢書)內	
	又		張綱孫	在(檀几叢書)內	
	鵪鶉譜		程石麟	在(昭代別集)內	
二十畫	譯史紀餘	一　卷			參看物產類
二十一畫	續詩傳鳥名	三　卷	清毛奇齡	在(西河合集)(皇清經解續編)(四庫全書)(龍威秘書)內	
	鸛譜		明檇菴居士	見(欽定續通志圖譜略)(述古堂藏書目)	
二十二畫	鷙擊錄	二十卷	堯頒跋	見(通志藝文略)	

筆畫	書名	卷數	著者	備考
二十三畫	麟書		宋汪若海	在（說郛）（寶顏堂秘笈）（夔古介書）內
二十四畫	鷹經	一卷		見（新唐書藝文志）
	鷹論		臣利類思	在（古今圖書集成禽蟲典）內
	鷹鶻病候	一卷	諸葛穎	見（通志藝文畧）
	鷹鶻五藏病源	一卷		同右

博物類

(四)昆蟲之屬

筆畫	書名及篇名	卷數或冊數	著作人	見於何書	附註
四畫	太平御覽 蟲豸部				參看博物之屬
五畫	古今圖書集成庶徵典 蝗災部 蟲豸異部				參看災荒類
	又禽蟲典				參看動物之屬
七畫	見物				參看動物之屬
	酉陽雜俎 蟲篇				參看博物之屬
八畫	物理小識 鳥獸類				同右
	治蝗全法	四卷			參看災荒類
	治蝗書	一卷			同右
	放蠶法			在(植物名實圖考長編)內	
九畫	皇朝通志 昆蟲草木畧				參看博物之屬
	春駒小譜	二卷	清陳邦彥	見(四庫全書總目)	
	促織志		明劉侗	在(說郛續)內	
	又		明袁宏道	同右	

十畫	促織經	一卷	宋賈似道	見(皇朝續文獻通考經籍考)	
	促織譜		清方　旭		
	格物麤談 蟲類				參看園藝類總記之屬
	格致鏡原 昆蟲				參看博物之屬
	捕蝗考	一卷			參看災荒類
	捕蝗要訣				同右
	捕蝗集要	一卷			同右
	捕蝗彙編	一卷			同右
	捕蝗箕篋法	一卷			同右
	除蝗備考	一卷			同右
	唐類函 蟲豸部				參看博物之屬
十一畫	通志 昆蟲草木略				同右
	淵鑑類函 蟲豸部				參看博物之屬
十二畫	欽定續通志 昆蟲草木略				參看農業經濟類
十三畫	蜂衙小記	一卷	郝懿行	在(郝氏遺書)內	
十五畫	劉氏鴻書 昆蟲部				參看動物之屬

畫數	書名	卷數	著者	版本	備考
	廣廣事類賦 蟲豸部				同右
十七畫	蟋蟀志		明袁宏道	在（欣賞編全本）內	
十八畫	蟲薈	五卷			參看動物之屬
二十畫	釋蟲小記	一卷	程瑤田	在（皇清經解）（通藝錄）內	

物產類

筆畫	書名及篇名	卷數或冊數	著作人	見於何書	附註
二畫	八紘譯史	四卷	清陸次雲	在(龍威秘書)(說庫)(陸雲士雜著)內	
三畫	山居雜志		楊循吉	在(說郛續)內	
	山陽風俗物產志		吳崑田	在(小方壺齋輿地叢鈔)內	
	大德昌國州圖志	七卷	元馮復景 郭薦等	在(四庫全書)內	
四畫	太平寰宇記	一百九十三卷	宋樂史	在(四庫全書)內	
	太平寰宇記補缺	一冊	宋樂史	在(古逸叢書)內	
	太湖備考	十六卷	清金友理	見(四庫全書總目)	
	中國物產考畧		龔柴	在(小方壺齋輿地叢鈔)內	
	方物志	二十卷	許善心	見(隋書經籍志)	
	巴蜀異物志				參看博物之屬
五畫	古今圖書集成職方典 物產考				職方典一千五百四十四卷
	北戶錄	三卷	唐段公路	在(漢唐地理書鈔)(十萬卷樓叢書)(五朝小說)(續百川學海)(古今學海)(四庫全書)(唐人說薈)(說庫)(學海類編)(格致叢書)(說郛)內	

北徼方物考		何秋濤	在(小方壺輿地叢鈔)內	
左司筆記 物產				參看農業經濟類
四州文獻摘鈔	四卷	清畢振姬	見(四庫全書總目)	
古州雜記		林溥	在(小方壺齋輿地叢鈔)內	
永城土產表		韓國鈞	在(農學叢書)內	
六畫				
交州記	二卷	劉欣期	在(說郛)(嶺南遺書)(漢唐地理書鈔)內	
西吳枝乘		謝肇淛	在(說郛續)內	
西事珥	八卷	明魏濬	見(四庫全書總目)	
西洋朝貢典錄	三卷	明黃省曾	在(粵雅堂叢書)內	
西洋夷風土記		朱孟震	在(學海類編)內	
西域記	八卷	清七十一		
西域圖志	六十卷		見(新唐書藝文志)	
西粵對聞		清江德中	見(四庫全書總目)	
西陲聞見錄		黎士弘	在(學海類編)內	
西藏記	二卷		在(龍威秘書)內	
吉林外記	十卷	清薩英額	在(漸西村舍叢書)內	

安南雜記	一卷	李仙根	在(小方壺齋輿地叢鈔)(學海類編)(昭代叢書)(說鈴)內	
行廚集 廣輿便覽				參看博物之屬
江震物產表		陳慶林	在(農學叢書)內	
七畫				
宋史 地理志				參看農業經濟類
扶南異物志	一卷			參看博物之屬
吳郡志 土物		宋范成大	在(守山閣叢書)(擇是居叢書)(墨海金壺)內	全書五十卷
吳郡圖經續記 物產		朱長文	在(得月簃叢書)(學津討源)(四庫全書)(守約編叢書)(琳琅秘室叢書)內	全書三卷
吳錄	三十卷	張勃	見(舊唐書經籍志)	
志畧	十六卷	明廖世昭	見(四庫全書總目)(舊唐書經籍志)	
赤雅	三卷	明鄺露	在(四庫全書)(說庫)(龍威秘書)內	
赤溪雜志		金武祥	在(小方壺齋輿地叢鈔)內	
八畫				
明一統志	九十卷	明李賢等	在(四庫全書)內	
青田土產表			在(農學叢書)內	

九畫

靑城山方物志	五卷	句台符	見（通志藝文略）	
長安志	二十卷	宋宋敏求	在（四庫全書）內	
京兆郡方物志	三十卷		見（舊唐書經籍志）	
使西域記	一卷	明陳誠	見（四庫全書總目）	
林邑記		漢東方朔	在（說郛）內	
東西洋考	四冊	明張燮		
東海小志	一卷	李調元	在（函海）內	
東還紀程	一卷	許纘曾	在（小方壺齋輿地叢鈔）（說鈴）（龍威秘書）內	附續抄一卷
武陵土產表		李致楨	在（農學叢書）內	
武陟土產表		杜詔	在（農學叢書）內	
京師土產表略	一卷	壽富	在（農學叢書）內	
坤輿外記	一卷	南懷仁	在（龍威秘書）內	
坤輿圖說	二卷	南懷仁	在（四庫全書）內	
南中八郡志			見（古今圖書集成禽虫典）	
南中志			同右	

南方草物狀		徐　衷	在(漢唐地理書鈔)內	
南方異物志	一卷			參看博物之屬
南州異物志				同右
又				同右
南高平物產記	二卷	鄒漢勛	在(農學叢書)內	
南通州物產表		陳啟謙	在(農學叢書)內	
南越筆記	十六卷	李調元	在(涵海)內	
南裔異物志				同右
南豐風俗物產志		魯琪光	在(小方壺齋輿地叢鈔)內	
泉南雜志	二卷	明陳懋仁	在(四庫全書)(寶顏堂秘笈)(說郛續)(學海類編)(廣百川學海)內	
洱海叢談	一卷		在(小方壺齋輿地叢鈔)內	
星槎勝覽		明曹　信	在(學海類編)內	
星餘筆記	一卷	清王　鉞	見(四庫全書總目)	
荊州記	三卷	盛宏之	在(五朝小說)(箋經室叢書)(麓山精舍叢書)內	

荆揚異物志				參看博物之屬
海表奇觀	八卷		見（四庫全書總目）	
海語	三卷	黄衷	在（嶺南遺書）（學津討源）（四庫全書）（寶顏堂秘笈）（紛欣閣叢書）內	
海槎餘錄	一卷	明顧岎	在（說郛續）（梓吳）（紀錄彙編）（廣百川學海）（寶顏堂秘笈）（說庫）（顧氏明朝四十家小說）（後四十家小說）內	
海錄		楊炳南	在（小方壺齋輿地叢鈔）內	
海藥本草				參看博物之屬
益部方物略記	一卷	宋宋祁	在（學津討源）（秘冊彙函）（津逮秘書）（四庫全書）（說郛）內	
益部談資	三卷	明何宇度	在（四庫全書）（學海類編）內	
桂林風土記	一卷	唐莫林符	在（四庫全書）內	
桂海虞衡志	一卷	宋范成大	在（四庫全書）（說郛）（說庫）（古今說海）（學海類編）（知不齋叢書）（古今逸史）（唐宋叢書）（石湖三錄）（秘書二十一種）（古今圖書集成草木典）內	

	剡錄	十卷	宋高似孫	在(四庫全書)內	
	眞臘風土記	一卷	元周達觀	在(古今逸史)(歷代小史)(說庫)(說郛)(古今說海)內	
十一畫	涼州異物志	一卷			參看博物之屬
	清河風俗物產志		魯一同	在(小方壺齋輿地叢鈔)內	
	異域志	一卷		見(四庫全書總目)	
	異域錄	一卷	淸圖理琛	見(四庫全書總目)	
	紹興新昌縣物產表	一卷		在(農學叢書)內	
	善化土產表		龔宗遂	在(農學叢書)內	
十二畫	粵西偶記	一卷	陸祚蕃	在(小方壺齋輿地叢鈔)(說鈴)(龍威祕書)內	
	粵西瑣記	一卷	沈日霖	在(昭代叢書)(小方壺齋輿地叢鈔)內	
	粵述	一卷	清閔敍	在(小方壺齋輿地叢鈔)(龍威秘書)內	
	欽定日下舊聞考	一百二十卷		在(四庫全書)內	乾隆三十九年敕撰
	欽定皇輿西域圖考	五十二卷		同右	乾隆二十一年敕撰
	雲南志	一卷	李京	見(古今圖書集成草木典)	
	湖南方物志		清黃本驥	在(小方壺齋輿地叢鈔)(三長物齋叢書)內	

十三畫

番禺紀異集	五卷			參看博物之屬
番境補遺		郁永河	在(小方壺齋輿地叢鈔)內	
順寧雜著	一卷		同右	
發蒙記				同右
黑龍江外記	八卷	清西清	在(漸西村舍叢書)(袁氏叢刻十九種)內	
隋諸郡土俗物產	一百五十一卷		見(隋書經籍志)	
蜀中廣記	一百八卷	明曹學佺	在(四庫全書)內	
蜀志記			見(齊民要術)	
瑞安土產表		洪炳文	在(農學叢書)內	
新安志	十卷	宋羅願	在(四庫全書)內	
新唐書 地理志				參看農業經濟類
滇行紀程	一卷	許纘曾	在(說鈴)(龍威秘書)(小方壺齋輿地叢鈔)內	附續抄一卷
滇南新語	一卷	清張泓	在(小方壺齋輿地叢鈔)內	
滇南雜志		曹樹翹	在(小方壺齋輿地叢鈔)內	
滇海虞衡志	十三卷	檀萃		
滇略	十卷	明謝肇淛	在(四庫全書)內	

滇繫 賦產				參看農業經濟類
楚南苗志	六卷	清段汝霖	見(四庫全書總目)	
楚書	一卷	明陶晉槱	在(學海類編)內	
塞程別紀		余寀	在(昭代叢書)(小方壺齋輿地叢鈔)內	
會稽三賦	三卷	宋王十朋	在(四庫全書)內	
楊議郎著書	一卷	楊孚	在(嶺南遺書)內	
溪蠻叢笑		宋朱輔	在(學海類編)內	
閩小紀	一卷	周亮工	在(小方壺齋輿地叢鈔)(龍威鈔書)(說鈴)內	
閩中紀畧		許旭	在(昭代叢書)內	
閩書	一百五十四卷	何喬遠	見(四庫全書總目)	
閩部疏	一卷	王世懋	在(借月山房彙鈔)(指海)(寶顏堂秘笈)(四庫全書)(紀錄彙編)(廣百川學海)(說郛續)內	
閩遊紀畧		王澐	在(小方壺齋輿地叢鈔)內	
閩雜記		施鴻保	同右	

十五畫

寧古塔紀略	一卷	吳振臣	在（小方壺齋輿地叢鈔）（昭代叢書）（漸西村舍叢書）（知服齋叢書）漸學廬地輿叢書）（賜硯堂叢書）（袁氏叢刻十九種）內	
寧波物產表		陳壽彭	在（農學叢書）內	
維西見聞紀		余慶遠	在（藝海珠塵）內	
監利風土志		王柏心	在（小方壺齋輿地叢鈔）內	
臺海使槎錄	八卷	清黃叔璥	在（小方壺齋輿地叢鈔）（四庫全書）內	
臺灣紀略	一卷	林謙光	在（小方壺齋輿地叢鈔）（說鈴）（龍威秘書）內	
臺灣隨筆		徐懷祖	在（學海類編）內	
夢粱錄 物產		宋吳自牧	在（學海類編）內	全書二十卷
說嵩	三十二卷	清景日昣		
圖書編 貢物				參看農業經濟類
廣州記		裴淵	在（漢唐地理書鈔）內	
又		顧微	在（五朝小說）（說郛）（漢唐地理書鈔）內	
廣志	二卷			參看博物之屬
廣志繹	五卷	明王士性	見（四庫全書總目）	

廣東新語	二十八卷	屈大均	
黎岐紀聞		張慶長	在（小方壺齋輿地叢鈔）內
劍南方物略		沈立	見（白氏中國植物學）
劍南方物略圖讚	一卷	宋祈	見（通志藝文略）
撫郡物產考畧	二卷	何剛德等	
增補武林舊事	八卷	明朱廷換	見（四庫全書總目）
潯陽蹠醢	六卷	清文行遠	同右
震譯編	八卷	明蔡昇	同右
十六畫			
甌江逸志	一卷	清勞大輿	在（小方壺齋輿地叢鈔）（說鈴）（龍威秘書）內
龍沙紀略	一卷	清方式濟	在（小方壺齋輿地叢鈔）（四庫全書）（指海）（借月山房彙鈔）內
諸郡土俗物產記	十九卷		見（舊唐書經籍志）
諸蕃志	二卷	宋趙汝适	在（四庫全書）（永樂大典採輯書）（函海）（學津討源）內
十七畫			
嶺外代答	十卷	宋周去非	在（四庫全書）（知不足齋叢書）（永樂大典採輯書）內

	嶺表錄異	三卷			參看博物之屬
	嶺南風物紀		清吳綺	在(四庫全書)內	
	嶺南異物志	一卷			同右
	嶺南雜記	一卷	清吳震方	在(小方壺齋輿地叢鈔)(龍威秘書)(說鈴)內	
	黔中紀聞		張澍	在(小方壺齋輿地叢鈔)內	
	黔南識略	三十二卷	愛必達		
	黔記		李宗昉	同右	
	黔書	四卷	田雯	在(粵雅堂叢書續集)內	
十八畫	顏山雜記	四卷	清孫廷銓	在(四庫全書)內	
	職方外記	五卷	明艾儒略	在(守山閣叢書)(墨海全壺)內	
十九畫	廬陵異物志				參看博物之屬
二十畫	瀛涯勝覽	一卷	明馬觀	在(說郛續)(紀錄彙編)(廣百川學海)(寶顏堂秘笈)內	
	譯史紀餘	一卷	陸次雲	在(昭代叢書)(陸雲士雜著)內	
	雙溪物產疏	十五卷	陳經		

二十一畫

續閩小紀	一卷	清黎定國	見(四庫全書總目)
續黔書	八卷	張澍	在(粵雅堂叢書續集)內
鹽城物產表		蔣黼輯	在(農學叢書)內

作物類

	書名及篇名	卷數或册數	著作人	見於何書	附註
二畫	人參考	一卷	唐秉鈞	在(靈鶼閣叢書)(農學叢書)內	
	人蓡譜		陸烜	在(昭代叢書)內	
	九穀攷	四卷	清程瑤田	在(皇清經解)(通藝錄)內	
四畫	太平御覽 竹部 百穀部				參看博物之屬
	木棉譜	一卷	褚華	在(藝海珠塵)(昭代叢書)(農學叢書)內	
五畫	古今圖書集成 草木典	三百二十卷			參看植物之屬
	禾譜	五卷	曾安正	見(宋史藝文志)	
六畫	江南催耕課稻篇一卷	一卷	李彥章	在(榕園叢書)(一株紅杏齋叢書)內	
	竹記	一卷		見(通志藝文畧)	
	竹經	三卷		見(崇文總目)	
	竹嶼山房雜部 樹畜部		明宋詡	在(四庫全書內)	全書五部三十二卷
	又 種植部		明宋公望	同右	按公望即宋詡之子
	竹譜	一卷	清陳鼎	在(昭代叢書)(農學叢書)內	
	又		明宋詡	在(三續百川學海)內	

	又	二卷	吳　輔	見（宋史藝文志）	
	又	一卷	戴凱之	在（漢魏叢書）（五朝小說）（百川學海）（說郛）（龍威秘書）（山居雜志）（文房奇書）（百川學海）（古今圖書集成草木典）內	
	竹譜詳錄	七卷	元李　衎	在（知不足齋叢書）內	
七畫	呂氏春秋 任地 辯土 審時			在（百子全書）（經訓堂叢書）（彙刻百子）（吳刻二十子）（四部叢刊）內	全書二十六卷
	宋氏樹畜事宜		明宋　詡	在（三續百川學海）內	
八畫	物理小識 草木類				參看博物之屬
九畫	郊外農談	三卷	明張　鉞	見（浙江採集遺書總錄）	
	苧麻圖譜		元王　楨	見（植物名實圖攷長編）	
	皇朝經世文統編 地輿部 種植				參看農業經濟類
十畫	格致鏡原 穀類				參看博物之屬
	桑麻水利族學彙存	四卷			參看水利類
	耕譜		愼溫其	見（圖書集成經籍典）	
十一畫	區田圖說	一卷		在（大亭山館叢書）內	

區種五種	五卷	趙夢齡		
野老書	一卷		在(玉函山房輯佚書)內	漢書藝文志作十七篇玉函山房輯佚書所載凡四篇
國脈民天	一卷	耿蔭樓	在(農政叢書)內	
救荒簡易書	四卷			參看災荒類
康濟譜 種植	一卷			參看總記類
參譜	一卷	黃叔燦	在(借月山房彙鈔)內	
淵鑑類函 五穀部				參看博物之屬
十二畫				
棉花圖		方觀承	見(皇朝通志圖譜略)	
棉業圖說	八卷		見(農籍稽古)	宣統時刊行
筍梅譜	二卷			參看園藝類花屬
筍譜	一卷	陳仁玉	見(文瀾閣浙江藏書目錄)	
又	一卷	宋僧贊寧	在(山居雜志)(百川學海)(唐宋叢書)(說郛)內	
十三畫				
煙草譜	八卷	陳琮		
煙譜		陸耀	在(昭代叢書)內	
瑞穀圖		將廷錫	見(皇朝通志圖譜略)	

十四畫

種木番藷法	一卷	梁廷棟	在（農學叢書）內	
種植法	七十七卷	諸葛穎	見（舊唐書經籍志）	
種植藥法	一卷		見（隋書經籍志）	
種棉實驗說	一卷	黃宗堅	在（農學叢書）內	
種蒔直說			見（農政全書）等	
種樹書	一卷			參看園藝總記之屬
種藍略法	一卷	羅振玉	在（農學叢書）內	
種藥疏		元兪宗本	在（居家必備）內	
漢氾勝之遺書	一卷	宋保淳	在（昭代叢書）（鄦齋叢書）內	
彰明附子記	一卷	楊天惠	在（說郛）（植物名實圖考長編）內	
蒲葵栽製法	一卷	劉敦煥	在（農學叢書）內	

十五畫

潮州糖業調查概略				參看農產製造類
稻品	一卷	明黃省曾	在（明世學山）（居家必備）（廣百川學海）（夷門廣牘）內	
撫郡物產考略	二卷			參看物產類
課農區種法	一卷	清潘曾沂	見（農籍稽古）	

筆畫	書名	卷數	著者	出處	備註
十六畫	廣廣事類賦 稼穡部				參看博物之屬
	遵生八箋 燕閑清賞箋下				參看園藝類花屬
	樹藝攷	二卷	李德紹	見（明史藝文志）	
	樹藝篇	六卷		見（述古堂藏書目）	
十九畫	藝麻篇		清黃厚裕		金谿農務局刊本
二十畫	勸種洋棉說	一卷	清朱祖榮	見（皇朝續文獻通攷經籍考）	
	釋穀	四卷	清劉寶楠	在（皇清經解續編）（廣雅書局彙刻書）內	
二十一畫	續竹譜	一卷	元劉美之	在（唐宋叢書）內	

茶類

書名及篇名	卷數或冊數	著作人	見於何書	附註
三畫				
山居清賞	二十八卷			參看博物之屬
大觀茶論	一卷	宋徽宗	在(古今圖書集成食貨典)(說郛)內	
四畫				
五侯鯖 飲食門茶				同右
文獻通考 征榷考榷茶				參看農業經濟類
五畫				
古今圖書集成 食貨典茶部				同右
北苑別錄	一卷	宋趙汝礪	在(古今圖書集成食貨典)(讀畫齋叢書)(茶書全集)(說郛)內	
又	一卷	宋熊克	在(茶書全集)內	
北苑茶錄	三卷	宋丁謂	見(宋史藝文志)	
北苑拾遺	一卷	劉异	同右	
北苑貢茶錄	一卷	宋熊蕃	在(茶書全集)內	
北苑總錄	十二卷	曾伉	見(文獻通攷經籍攷)	參看宣和北苑貢茶錄
本朝茶法	一卷	宋沈括	在(五朝小說)(說郛)內	

六畫	攷槃餘事 茶箋		明屠　隆	在（說庫）（廣百川學海）（龍威秘書）（寶顏堂秘笈）（懺花盦叢書）內	全書四卷
七畫	別本茶經	三　卷		見（四庫全書總目）	
	岕茶箋	一　卷	清馮可賓	在（昭代叢書）（廣百川學海）內	
	岕茶彙鈔	一　卷	清冒　襄	在（昭代叢書）內	
八畫	長物志 香茗				參看博物之屬
	虎邱茶經注補	一　卷	清陳　鑑	在（檀几叢書）內	
	東溪試茶錄	一　卷	宋宋子安	在（古今圖書集成食貨典）（百名家書）（百川學海）（四庫全書）（茶書全集）（格致叢書）（說郛）內	
	事類賦 飲食部茶				參看動物之屬
	洞山岕茶系	一　卷	明周高起	在（一瓻筆存）（常州先哲遺書）（粟香室叢書）（翠琅玕館叢書）（檀几叢書）內	
九畫	建安茶記	一　卷	宋呂惠卿	見（文獻通攷經籍攷）	
	宣和北苑貢茶錄	一　卷	宋熊　蕃	在（古今圖書集成食貨典）（四庫全書）（五朝小說）（說郛）（讀畫齋叢書）內	

十畫

品茶要錄	二卷	宋黃儒	在(古今圖書集成食貨典)(五朝小說)(四庫全書)(茶書全集)(說郛)內	
皇朝經世文統編 理財部茶務				參看農業經濟類
皇朝續文獻通攷 征榷考榷茶				同右
茶山節對	一卷	蔡宗顏	見(文獻通攷經籍攷)	
茶考	一卷	明陳師	在(茶書全集)內	
茶史	二卷	清劉源長	見(四庫全書總目)	
茶史補	一卷	余懷	在(昭代叢書)內	
茶法易覽	十卷		見(宋史藝文志)	
茶法總例	一卷		見(通志藝文略)	
茶約	一卷	明何彬然	見(四庫全書總目)	
茶苑雜錄	一卷		見(宋史藝文志)	
茶記	一卷	唐陸羽	同右	
茶務僉載		清胡秉樞	見(農籍稽古)	
茶集		胡文煥	在(格致叢書)內	

茶疏	一卷	明許次紓	在(古今圖書集成食貨典)(古今說部叢書)(居家必備)(說郛續)(寶顏堂秘笈)(賞欣編全本)內
茶解	一卷	明羅廩	在(古今圖書集成食貨典)(茶書全集)(說郛續)內
茶董	一卷	明夏樹芳	見(四庫全書總目)
茶董補	二卷	明陳繼儒	在(海山仙館叢書)內
茶經	三卷	唐陸羽	在(小史集雅)(山居雜志)(五朝小說)(四庫全書)(百川學海)(茶書全集)(唐人說薈)(唐宋叢書)(植物名實圖考長編)(說郛)(漢唐地理書鈔)(學津討源)內
又	一卷	明徐渭	見(浙江採集遺書總錄)
又	一卷	明張應文	在(張氏藏書)內
茶經傳	一卷		在(文房奇書)內
茶說	一卷	明屠隆	在(茶書全集)內
茶箋	一卷	明聞龍	在(古今圖書集成食貨典)(說郛續)內

茶論	一卷	明許次紓	在（茶書全集）內
茶寮記	一卷	明陸樹聲	在（古今圖書集成食貨典）（茶書全集）（夷門廣牘）（寶顏堂秘笈）（說郛續）內
茶錄	一卷	明馮時可	在（古今圖書集成食貨典）（說郛續）內
又	一卷	宋蔡襄	在（格致叢書）（百川學海）（說郛）（茶書全集）（四庫全書）（古今圖書集成食貨典）（五朝小說）內
茶雜文	一卷		見（文獻通考經籍考）
茶譜		毛文錫	在（漢唐地理書鈔）內
又	一卷	汪士賢	在（山居雜志）內
又	一卷	程棨	見（農籍稽古）
又	一卷	宋蔡君謨	在（文房奇書）內
又	一卷	明顧元慶	在（格致叢書）（茶書全集）（顧氏明朝四十家小說）（說郛續）（古今圖書集成食貨典）內
茶譜外集	一卷	孫大綬	在（山居雜志）（文房奇書）內
茶譜遺事	一卷	宋蔡宗顏	見（通志藝文略）

	茗史	二卷	明萬邦寧	見(四庫全書總目)	
	茗芨	二卷	明屠本畯	在(山居小說)(羣芳清玩)(四庫全書總目)(茶書全集)內	
	荈茗錄	一卷	宋陶穀	在(茶書全集)內	
	格致鏡原 飲食類				參看博物之屬
十一畫	採茶錄	一卷	唐溫庭筠	在(說郛)內	
十二畫	欽定續文獻通考 征榷考 榷茶				參看農業經濟類
	欽定續通典 食貨榷茶				同右
十三畫	稗史彙編 飲食門茶				參看博物之屬
	補茶經	一卷	周絳	見(文獻通考經籍考)	
十四畫	製茶新譜	一冊	錢椿年		
十五畫	整飭皖茶文牘			在(農學叢書)內	
	廣廣事類賦 飲食部茶				參看博物之屬
	廣事類賦 飲食類茶				同右
	潛確類書 飲啖部 茶茗				同右
十六畫	遵生八牋 茶泉類				參看園藝類花屬

十七畫	婺源茶錄	一卷	章炳文	見(宋史藝文志)	
十九畫	羅岕茶記	一卷	明熊明遇	在(古今圖書集成食貨典)(說郛續)內	
	藝林彙考 飲食篇茶茗類				參看植物之屬
	類書纂要 飲食茶類				參看博物之屬
二十一畫	續茶經	四卷	清陸廷燦	在(四庫全書)	
	顧渚山記	二卷	唐陸羽	見(文獻通考經籍考)	

園藝類

(一)總記之屬

筆畫	書名及篇名	卷數或冊數	著作人	見於何書	附註
三畫	山居種蒔要術	一卷	王旻	見(宋史藝文志)	
四畫	水雲錄	二卷	明楊溥	見(四庫全書總目)	
五畫	古今圖書集成 草木典	三十二卷			參看植物之屬
	又 藝術典圃部				參看總記類
	四時栽接花果圖	一卷		見(文獻通考經籍考)	
	四時栽接記	一卷		見(通志藝文畧)	
	北墅抱甕錄	一卷	淸高士奇	在(昭代叢書)(高文恪公四部稿)(學海類編)內	
六畫	全芳備祖 前集 後集				參看植物之屬
	汝南圃史	十二卷	明周文華	見(四庫全書總目)	
	老圃良言		明巢鳴盛	在(學海類編)內	
七畫	采芳隨筆	二十四卷	査彬		

筆畫	書名	卷數	著者	存佚	備考
	忘懷錄	三卷	夢溪丈人	見(郡齋讀書志)	
八畫	長物志 花木 蔬果				參看博物之屬
	事物紀原 草木花果部				同右
	治圃須知	一卷		見(焦竑國史經籍志)	
	物理小識 草木類				同右
	物類相感志	一卷	宋蘇軾	在(五朝小說)(說郛)(眉玉叢談)(唐宋叢書)(居家必備)(寶顏堂秘笈)內	
	物類相感續志	一冊	王晫		
	枝語	二卷	清孫之騄	在(孫晴川八識)內	
十畫	時物典彙 果類 花類 蔬菜類				參看博物之屬
	桂海虞衡志 志花 志果				參看物產類
	栽培圃史	一卷		見(述古堂藏書目)	
	格致鏡原 花類 果類 蔬類				參看博物之屬
	格致麤談	二卷	宋蘇軾	在(學海類編)內	
十一畫	淵鑑類函 花部 菜蔬部 果部				同右

十四畫	種樹書	一卷	元俞宗本	在(格致叢書)(百名家書)(淡生堂餘苑)(居家必備)(田園經濟)(廣百川學海)(農學叢書)(漸西村舍叢書)內	
	又	一卷	郭橐駝	在(說郛)內	按郭橐駝乃託名本書實出俞氏
十五畫	撫郡物產考略				參看物產類
	潛確類書 藝植部				參看博物之屬
十六畫	學圃雜疏	一卷	明王世懋	在(說郛續)(廣百川學海)(寶顏堂秘笈)內	說郛續所載分花疏果疏及瓜蔬疏
十九畫	藝圃雜記	一卷	張封	見(皇朝文獻通考經籍考)	
二十一畫	灌園史		明陳詩教編 陳繼儒刪定		
二十二畫	臞仙神隱書	四卷	寧獻王	在(格致叢書)內	

園藝類

(二)果屬

參看博物類本草綱目植物名實圖考等

畫數	書名及篇名	卷數或冊數	著作人	見於何書	附註
四畫	化州橘記	一冊	清阮元		
	水蜜桃譜	一卷	清褚華	在(農學叢書)內	
五畫	打棗譜	一卷	元柳貫	在(說郛)(植物名實圖考長編)(古今圖書集成草木典)內	
	果譜		宋詡	在(三續百川學海)內	
九畫	范村梅譜	一卷			參看花屬
	紅雲社約	一卷	徐㶿	在(說郛續)內	
十畫	記荔枝		吳載鼇	在(說郛續)(植物名實圖考長編)(古今圖書集成草木典)內	
	荔枝故事	一卷	宋蔡襄	見(文獻通攷經籍攷)	
	荔枝通譜	十六卷	明鄧道協	見(四庫全書總目)	
	荔枝話	一卷	清林嗣環	在(檀几叢書)內	

書名	卷數	著者	備註
荔枝譜	一卷	宋　珏	在(說郛續)(植物名實圖攷長編)(古今圖書集成草木典)內
又	一卷	徐　𤊹	在(說郛續)(植物名實圖攷長編)(古今圖書集成草木典)內
又		曹　蕃	在(說郛續)(植物名實圖攷長編)(古今圖書集成草木典)內
又	一卷	陳　鼎	在(昭代叢書)(栗香室叢書)(農學叢書)內
又		鄧道協	在(說郛續)、(植物名實圖攷長編)(古今圖書集成草木典)內
又	一卷	宋蔡　襄	在(百川學海)(說郛)(四庫全書)(山居雜志)(植物名實圖考長編)(古今圖書集成草木典)(藝圃搜奇)內
荔譜	一卷	陳定國	在(昭代叢書)內
十一畫			
莆田荔枝譜	一卷	徐師閔	見(通志藝文略)
十四畫			
閩中荔枝通譜	二卷	明屠本畯	見(農籍稽古)
種果蔬		元俞宗本	在(居家必備)內

畫數	書名	卷數	著者	備考	
十五畫	增城荔枝譜	一卷	張宗閔	見(通志藝文略)	
十六年	橘錄	三卷	宋韓彥直	在(山居雜志)(四庫全書)(百川學海)(說郛)內	
	橄欖譜	一卷		在(文房奇書)內	
十七畫	攜李譜	一卷	清王逢辰	在(農學叢書)內	
	嶺南荔枝譜	六卷	吳應逵	在(嶺南遺書)內	

園藝類

(三)蔬屬

參看博物類本草綱目植物名實圖考等

筆畫	書名及篇名	卷數或冊數	著作人	見於何書	附註
二畫	十蔬圖		蔣溥繪	見(皇朝通志圖譜略)	
四畫	尹都尉書	一卷	漢尹氏	在(玉函山房輯佚書)內	漢書藝文志作十四篇新唐書藝文志作三卷
五畫	瓜蔬疏		明王世懋	在(居家必備)內	參看園藝總記之屬學圃雜疏
	甘藷疏		明徐光啓	在(古今圖書集成草木典)內	
	甘薯錄	一卷	陸燿	在(昭代叢書)(海粟廬叢書)(賜硯堂叢書)內	
七畫	吳蕈譜		吳林	在(昭代叢書)(賜硯堂叢書)內	
十二畫	菜譜			見(授時通考)	
	菌譜		宋陳仁玉	在(百川學海)(說郛)(墨海金壺)(珠叢別錄)(古今圖書集成草木典)內	
十三畫	瑞蔬圖		蔣廷錫	見(皇朝通志圖譜略)	
十四畫	種芋法		明黃省曾	在(明世學山)(說郛續)(古今圖書集成草木典)(植物名實圖考長編)內	
	種蔬疏		元俞宗本	在(居家必備)內	

十五畫	廣菌譜		潘之恒	在(說郛續)、(古今圖書集成草木典)內
	穀菜宜法		宋　詡	在(三續百川學海)內
十六畫	澹圃芋記	一卷	明楊德周	見(四庫全書總目)

園藝類

(四)花屬　參看博物類本草綱目植物名實圖考等

書名及篇名	卷數或冊數	著作人	見於何書	附註
二畫				
十二月花神議	一卷	清俞樾	在(春在堂全集曲園雜纂)內	
三畫				
山茶花譜			見(絳雲樓書目)	
山茶譜	一卷		在(文房奇書)內	
四畫				
水仙譜	一卷		同右	
月季花譜		郁汝鏞	在(農學叢書)內	
天彭牡丹譜	一卷	宋陸游	在(植物名實圖考長編)(說郛)(雲自在龕叢書)(陸放翁全集)(山居雜志)(古今圖書集成草木典)內	
五畫				
永昌二芳記		明張志淳	見(四庫全書總目)	
六畫				
名花譜		西湖居易主人	見(四庫全書總目)	
百菊集譜	六卷	宋史鑄	在(四庫全書)(山居雜志)內	
攷槃餘事 盆玩箋				參看茶類

七畫			
牡丹八書	一卷	薛鳳翔	在(說郛續)(古今圖書集成草木典)(植物名實圖考長編)(農學叢書)內
牡丹百詠	一冊	清蔣廷錫	
牡丹芍藥花品	七卷		見(文獻通考經籍考)
牡丹花品	一卷	越僧仲林	見(通志藝文略)
牡丹榮辱志	一卷	宋丘璿	在(山居雜志)(古今圖書集成草木典)(百川學海)(說郛)內
牡丹譜		胡元質	在(古今圖書集成草木典)(植物名實圖攷長編)內
又	一卷	清計楠	在(昭代叢書)(農學叢書)內
吳中花品	一卷	李英	見(文獻通考經籍考)
芍藥圖序	一卷	孔武仲	見(直齋書錄解題)
芍藥譜	一卷	孔武仲	見(宋史藝文志)
又	一卷	王觀	在(植物名實圖考長編)(山居雜志)內
又	一卷	劉攽	見(文獻通考經籍攷)
八畫			
花小名	一卷	明程羽文	在(古今圖書集成草木典)·(說郛續)內

花木小志		謝堃	在(春草堂全集)內	
花木錄	七卷	張宗誨	見(宋史藝文志)	按通志作名花目錄
花月令			見(廣羣芳譜)	
花史	十卷	明吳彥匡	見(四庫全書總目)	
又	二十七卷	明仲遵	見(浙江採集遺書總錄)	
花史左編	二十七卷	明王路	見(四庫全書總目)	
花事錄		明袁宏道	見(文瑞樓書目)	
花信平章		清王廷鼎	見(皇朝文獻通攷經籍考)	
花品記	一卷	僧仲林	見(宋史藝文志)	
花間碎事	一卷	華淑	在(閒情小品)內	
花經	一卷	張翊	在(五朝小說)(說郛)(欣賞編全本)內	
花傭月令	一冊			參看時令類
花編		明蔣以化	見(文瑞樓書目)	
花塵	二卷	百花主人		
花歷	一卷	明程羽文	在(古今圖書集成草木典)(說郛續)(欣賞編全本)內	

九畫

花譜		宋 詡	在(三續百川學海)內
又	一卷	張 峋	見(文獻通考經籍考)
又		游默齋	見(古今圖書集成草木典)
花鏡	六卷	陳扶搖	
金漳蘭譜	三卷	宋趙時庚	在(四庫全書)(古今圖書集成草木典)(說郛)內
芙蓉譜	一卷		在(文房奇書)內
東籬中正	一卷	清許兆熊	見(皇朝續文獻通考經籍考)
范村梅譜	一卷	宋范成大	在(四庫全書)(百川學海)(山居雜志)(說郛)(珠叢別錄)(墨海金壺)(藝圃搜奇)內
范村菊譜	一卷	宋范成大	在(古今圖書集成草木典)(四庫全書)(植物名實圖考長編)(說郛)內
品芳錄	一卷	清徐壽基	在(志學齋全集)內
秋海棠譜	一卷		在(文房奇書)內
香雪林集	二十六卷	明王思義	見(四庫全書總目)
缸荷譜		楊鍾寶	在(農學叢書)內

十畫

洛陽石竹花辨譜	一卷		在(文房奇書)內
洛陽牡丹記	一卷	宋歐陽修	在(山居雜志)(古今圖書集成草木典)(四庫全書)(百川學海)(珠叢別錄)(植物名實圖考長編)(說郛)(雲自在龕叢書)(墨海金壺)(藝圃搜奇)內
又		周氏	在(古今圖書集成草木典)(植物名實圖考長編)(說郛)內
洛陽花木記		周氏	在(古今圖書集成草木典)(說郛)內
洛陽貴尙錄	一卷	邱濬	見(文獻通考經籍考)
洋菊譜	一卷	清鄒一桂	在(昭代叢書)內
亳州牡丹史	四卷	明薛鳳翔	在(古今圖書集成草木典)(植物名實圖考長編)(說郛)內
亳州牡丹志	一卷	無名氏	在(山居雜志)內
又	一卷	朱統鐇	見(千頃堂書目)
亳州牡丹表	一卷	薛鳳翔	在(古今圖書集成草木典)(說郛續)內
亳州牡丹述	一卷	清鈕琇	在(昭代叢書)內

唐昌玉蘂辨證	一卷	宋周必大	在(周益公大全集)(津逮秘書)內
草花譜		明高濂	見(古今圖書集成草木典)
茶花譜	三卷	樸靜子	見(四庫全書總目)
桃評	一卷	曹之璜	在(檀几叢書)內
海棠記	一卷	沈立	見(古今圖書集成草木典)
海棠譜	三卷	宋陳思	在(百川學海)(說郛)(山居雜志)內
徐園秋花譜	一卷	清吳儀一	在(昭代叢書)(賜硯堂叢書)內
桂華譜	一卷		在(文房奇書)內
桂譜		朱鳳翔	見(絳雲樓書目)
倦圃蒔植記	三卷	曹溶	見(四庫全書總目)
陳州牡丹記		宋張邦基	在(說郛)內
曹州牡丹譜	一卷	余鵬年	在(仰視千七百三十九鶴齋叢書)內
清在堂菊譜	一卷		見(皇朝續文獻通考經籍考)
清閒供 花癖花小名		程羽文	在(昭代別集)內
梅花喜神譜	三卷	宋宋伯仁	在(知不足齋叢書)(葉氏叢書)內
梅品	一卷	宋張功甫	在(百川學海)(夷門廣牘)(說郛)內

梅譜	二卷	明劉世儒		
菊月令		明姚綬	在（藝圃搜奇）內	
菊史補遺	一卷	宋史鑄	在（山居雜志）（四庫全書）內	
菊花百詠	一卷	明楊循吉	在（南峯逸稿）內	
菊花譜草書	一卷	吳容所	見（世善堂藏書目錄）	
菊書		明張應文	在（張氏藏書）內	
菊說	一卷	清計楠	在（昭代叢書）內	
菊譜	一卷	宋史正志	在（四庫全書）（百川學海）（古今圖書集成草木典）（植物名實圖考長編）（說郛）內	
又	一卷	宋劉蒙	在（植物名實圖考長編）（四庫全書）（說郛）（百川學海）（古今圖書集成草木典）內	
又		明周履靖	見（美國國會圖書館書目）	
又	一冊	清宣進	見（江上雲林閣書目）	
越中牡丹花	二卷	僧仲林	見（文獻通考經籍考）	
屠氏藝菊法		江寧相國治文郎	在（農學叢書）內	

十三畫

揚州芍藥譜	一卷	宋王觀	在（古今圖書集成草木典）（百川學海）（墨海金壺）（四庫全書）（珠叢別錄）（說郛）內
揚州瓊花集	一卷	明楊端	見（丁氏善本書室藏書志）
尋花日記		清歸莊	在（小石山房叢書）內
彭門花譜	一卷	任璹	見（宋史藝文志）
柴花梨記	一卷	許默	在（唐人說薈）內
笥梅譜	二卷	明釋）眞一	見（四庫全書總目）
瓶史	一卷	明袁宏道	在（小史集雅）（借月山房彙鈔）（袁石公集）（欣賞編全本）（古今圖書集成草木典）（說郛續）（寶顏堂秘笈）（山居小玩）（羣芳清玩）內
瓶史月表	一卷	明屠本畯	在（說郛續）內
瓶花品		張謙德	在（居家必備）內
瓶花譜		張謙德	在（古今圖書集成草木典）（一瓻筆存）（廣百川學海）（欣賞編全本）（寶顏堂秘笈）（說郛續）內

	瑞香譜	一卷		在(文房奇書)內	
	募種兩堤桃柳議		聞啓祥	在(說郛續)內	
十四畫	鳳仙譜		趙學敏	在(昭代別集)內	
	齊東野語 玉照堂梅品		周密	在(稗海)內	全書二十卷
	種菊法		陳繼儒	在(農學叢書)內	
	種蘭訣	一卷	李奎		
十五畫	樂休園菊譜			在(古今圖書集成草木典)(植物名實圖考長編)內	
	養餘月令	二十九卷			參看時令類
十六畫	遵生八箋 燕閒清賞箋下		明高濂		全書十九卷
十七畫	冀王宮花品	一卷	滄州觀察使記	見(文獻通考經籍考)	
	嶺外代答 花木門		宋周去非		參看物產類
十八畫	魏王花木志			在(說郛)(漢唐地理書鈔)內	
	雞冠花譜	一卷	清張雝敬	見(農籍稽古)	
	雞冠譜	一卷		在(文房奇書)內	
十九畫	瓊花志		朱顯祖	在(昭代叢書)內	

瓊花集	四卷	明曹璿	在(別下齋叢書)內	
瓊花譜		明楊端	見(四庫全書總目)	
瓊英小錄	一卷	清俞樾	在(武林掌故叢編)(春在堂全集)內	附錄一卷
藝菊譜		明高濂	在(居家必備)(廣百川學海)內	
藝菊志	八卷	清陸廷燦	見(四庫全書總目)	
藝菊書			在(藝圃搜奇)內	
又		明黃省曾	在(明世學山)(農學叢書)(農圃四書)(廣百川學海)內	廣百川學海作藝菊譜
藝菊須知	一卷	清顧祿	見(農籍稽古)	
藝蘭四說	一卷	杜文瀾	在(曼陀羅華閣叢書)內	
藝蘭記		劉文淇	見(美國國會圖書館書目)	
藝蘭譜	一卷	明高濂	在(廣百川學海)內	
藥圃同春		明夏旦	在(古今圖書集成草木典)內	
蘭史	一卷	蕈溪子	見(四庫全書總目)	
蘭言	一卷	清冒襄	在(昭代叢書)內	
蘭言述略	四卷	袁世俊		卷首藝蘭總說一卷

蘭易	一卷	宋鹿亭翁	見(四庫全書總目)
蘭易十二翼	一卷	蕈溪子	見(四庫全書總目)
蘭蕙原說	一卷		
蘭譜	一卷	宋王貴學	在(古今圖書集成草木典)(說郛)內
又	一卷	陳仁玉	在(百川學海)內
又	一卷	明張應文	在(山居小玩)(羣芳清玩)(張氏藏書)內
蘭譜奧法	一卷	宋王貴學	在(文房奇書)(夷門廣牘)內
續蘭譜	一卷	褚人穫	見(朝鮮支那蠶絲業概觀)

園藝類

(五)園林之屬

	書名及篇名	卷數或冊數	著作人	見於何書	附註
三畫	山陽河下園亭記		李元庚	在(小方壺齋叢書)內	
	三輔黃圖	六卷		在(漢魏叢書)(古今逸史)(經訓堂叢書)(龍溪精舍叢書)內	
四畫	太湖石志	一卷	宋范大成	在(說郛)內	
五畫	玉海 宮室門苑囿				參看農業經濟類
	古今圖書集成考工典 園林部	七卷			參看農具類
七畫	吳興園林記		宋周密	在(說郛)(古今圖書集成考工典)內	
八畫	金谷園記	一卷	李邕	見(宋史藝文志)	
	長園志 水石				參看博物之屬
九畫	癸辛雜識前集	一卷			參看雜類
	宣和石譜	一卷	宋常懋	在(說郛)內	
	春草園小記	一卷	趙昱	在(武林掌故叢編)內	

十畫	洛陽名園記	一卷	宋李格非	在(津逮秘書)(學津討源)(四庫全書)(寶顏堂秘笈)(說郛)(海山仙館叢書)內	
	素園石譜	四卷	明林有麟	見(四庫全書總目)	
十一畫	婁東園林志			在(古今圖書集成考工典)內	
	將就園記	一卷	淸黃周星	在(昭代叢書)內	
	淵鑑類函　居處部				參看博物之屬
十二畫	絳守居園池記注	一卷	唐樊宗師	在(四庫全書)內	
	雲林石譜	三卷	宋杜綰	在(知不足齋叢書)(四庫全書)(羣芳淸玩)(山居小玩)(說郛)(唐宋叢書)(學津討源)內	
十三畫	圓明園圖詠	二卷	淸高宗	見(農籍稽古)	
	遊金陵諸園記		王世貞	在(古今圖書集成考工典)內	
十四畫	漁陽石譜		宋漁陽公	在(說郛)內	

森林類 參看總記類農政全書等博物類本草綱目植物名實圖考等

筆畫	書名及篇名	卷數或冊數	著作人	見於何書	附註
四畫	本譜	一卷		見(通志藝文略)	
	木經		李誠	在(說郛)內	
五畫	古今圖書集成 草木典	三百二十卷			參看植物之屬
八畫	物理小識 草木類				參看博物之屬
十畫	桐譜	一卷	宋陳翥	在(古今圖書集成草木典)(植物名實圖考長編)(適園叢書)(唐宋叢書)(說郛)內	
十四畫	漆經	三卷	朱遵	見(通志藝文略)	
	種樹書				參看園藝總記之屬
	種巖桂法		梁廷棟	在(農學叢書)內	
十五畫	撫郡物產考略				參看物產類
	廣種桕樹興利除害條陳		徐紹基	同右	

畜牧類

書名 及篇名	卷數或冊數	著作人	見於何書	附註
二畫				
二十四史九通政典類要合編 兵制 馬政				參看農業經濟類
人工孵卵法		楊屾	在（農學叢書）內	
八駿圖	一卷	史通規	見（崇文總目）	按諸家書目並上標周穆王三字
十三經類語 畜牧類				參看雜類
十駿圖		郎世寧	見（皇朝通志圖譜略）	
三畫				
大元馬政記	一卷		在（廣倉學窘叢書）內	
四畫				
水牛經	三卷	唐造父	見（四庫全書總目）	
水雲錄	二卷			參看園藝總記之屬
元史 兵志 馬政				參看農業經濟類
元亨療馬集		淸喩本元 亨		
牛皇經	一卷		見（宋史藝文志）	
牛書	一卷	賈朴	同右	
牛馬書	一卷		見（通志藝文畧）	
牛經		賈相公	見（本草綱目序例）	

牛經大全		喻仁 喻傑		
月政畜牧栽種法	一卷	漢卜式	見(通志藝文略)	
太僕寺志	十四卷	明顧存仁	見(四庫全書總目)	
文獻通考 兵考馬政				參看農業經濟類
五畫				
古今圖書集成戎政典 馬政部	九卷			
又 禽虫典	一百九十三卷			
又 藝術典牧部	一卷			
司牧安驥方	一卷	李石	見(宋史藝文志)	
司牧安驥集	三卷	李石	見(宋史藝文志)	
又		張穆仲	見(補遼金元藝文志)	
司牧馬經痊驥通元論	六卷	卞管勾集註	見(四庫全書總目)	
玉海 兵制門馬政				參看農業經濟類
六畫				
至正條格 廄牧				同右
考古類編 馬政				同右
名馬記		李翰	在(說郛續)內	
安驥集	三卷	佚名	見(四庫全書總目)	

畫數	書名	卷數	著者	出處	備考
七畫	宋史 兵志馬政				參看農業經濟類
八畫	明史 兵志馬政				同右
	治馬牛駝騾等經	三卷		見（隋書經籍志）	
	治馬經	四卷		同右	
	又	三卷	俞極	同右	
	治馬經圖	二卷		同右	
	治馬雜病經	一卷	伯樂	同右	
	物理小識 鳥獸類				參看博物之屬
	花鏡 禽獸鱗蟲考				參看園藝總記之屬
九畫	相牛經	一卷	高堂隆	見（通志藝文略）	
	又	一卷	周寧戚	在（五朝小說）（說郛）內	
	相馬書		徐成	在（古今圖書集成禽蟲典）（說郛）內	
	相馬經	三卷	周穆王	見（通志藝文略）	
	又		伯樂	在（古今圖書集成經籍典）	
	又	六十卷	諸葛穎	見（舊唐書經籍志）	
	相鴨經	一卷		見（通志藝文略）	

相鵝經	一卷		同右	
相鷄經	一卷		同右	
重刊安驥集	五卷	賈誠校勘	見（丁氏善本書室藏書志）	
春明夢餘錄　太僕寺				參看農業經濟類
皇朝文獻通考　兵考馬政	一卷			參看農業經濟類
皇朝通典　兵典馬政				同右
皇朝經世文統編　理財部畜牧				同右
皇朝經世文續編　兵政馬政		盛康		同右
荊川稗編　兵政				參看總記類
耕牛錄	一卷		見（述古堂藏書目）	
格物麤談　獸類禽類				參看園藝總紀之屬
馬記	一卷	明郭子章	在（藝圃搜奇）（寶顏堂秘笈）內	
馬政志	四卷	明陳講	見（四庫全書總目）	
又		蔡方炳	在（學海類編）內	
又		明歸有光	在（說郛續）內	
馬政記	十二卷	明楊時喬	在（四庫全書）內	

馬經	三卷	宋李棫	見(陸友仁硯北雜志)	
又	一卷	賈誠	見(本草綱目序)例	
馬經大全	八冊	馬師問		
馬經孔穴圖	一卷		見(通志藝文畧)	
馬經通元方論	六卷		見(補遼金元藝文志)	
馬齒口訣	一卷		見(崇文總目)	按通志略上有辨字宋志誤作馬口齒訣
哺記	一卷	黃百家	在(昭代別集)內	

十一畫

埜錄	三卷	袁陶齋	見(四庫全書總目)	
康濟錄 馬政				參看總記類
痊驥集	二卷	佚名	見(四庫全書總目)	

十二畫

景佑醫馬方	一卷		見(通志藝文畧)	
欽定大淸會典 太僕寺				參看農業經濟類
欽定大淸會典事例 兵部馬政 內務府畜牧				同右
欽定續文獻通考 兵考馬政				同右
博物典彙 馬政				同右
集相馬書	一卷	孫珪撰	見(古今圖書集成經籍典)	

十三畫	愛鳥罕四駿圖		金廷標	見(皇朝通志圖譜畧)	
	新唐書 兵志馬政				同右
	經濟類考約編 馬政				參看博物之屬
十四畫	圖書編 馬政				參看農業經濟類
十五畫	養羊法	一卷	漢卜式	在(玉涵山房輯佚書)內	
	養猪羊法	二卷	漢卜式	見(通志藝文畧)	
	養餘月令	二十九卷			參看時令類
	廣治平畧 武備篇				參看農業經濟類
	論駝經	一卷		見(通志藝文畧)	
十六畫	辨五音牛欄法	一卷		見(宋史藝文志)	
	歷代馬政志		蔡方炳	在(學海類編)內	
	辨馬圖	一卷		見(通志藝文畧)	
	辨養良馬論	一卷		同右	
	槖駝經	一卷		見(述古堂藏書目)	
十七畫	豳風廣義	三卷			參看蠶桑類
	療馬經	一卷	伯樂	見(隋書經籍志)	

	療馬集	四卷	明喻仁傑	見(四庫全書總目)	又附錄一卷
	鴿經		清張萬鐘	在(檀几叢書)內	
十八畫	醫牛經	一卷		見(通志藝文畧)	
	又		賈耽	見(宋史藝文志)	
	醫馬經	一卷		見(通志藝文畧)	
	醫駞方	一卷		同右	
	雜撰馬經	一卷		見(隋書經籍志)	
	騏驥須知	一卷		見(通志藝文畧)	
十九畫	類方馬經	六卷		見(四庫全書總目)	京師圖書館有此書殘本數卷
二十一畫	續修欽定大清會典 太僕寺				參看農業經濟類

蠶桑類

筆畫	書名及篇名	卷數或冊數	著作人	見於何書	附註
五畫	古今圖書集成食貨典 蠶桑部	四卷			參看農業經濟類
	又 草木典桑部	四卷			參看植物之屬
	又 禽虫典蠶部	二卷			
七畫	吳苑栽桑記		孫福保	在(農學叢書)內	
九畫	南海縣蠶業調查報告		姚紹書	同右	
	皇朝經世文統編 理財部蠶桑				參看農業經濟類
十畫	柞蠶彙誌	一卷	董元亮		
	柞蠶雜志	一卷	清增韞		
	桑志	十卷	清李聿修	在(李氏三種)內	
	桑麻水利族學彙存	四卷			參看水利類
	桑蠶提要	二卷	方大湜		
	栽桑圖說		苗好謙	見(元史藝文志)	
	紡野繭法			見(植物名實圖考長編)	
十一畫	淮南王蠶經	三卷	劉安	見(崇文總目)	

	康濟譜 種植				參看總記類
	野蠶錄	一卷	清王元綎		
十二畫	粵東詞八蠶法		蔣斧	在(農學叢書)內	
	湖蠶述	四卷	清汪日楨	在(農學叢書)(荔牆叢書)(湖州府志)內	
	梱蠶通說	一冊	樓藜然		
	又	一卷	秦枏		參看動物之屬
	種桑成法	一冊	湯聘珍		
十四畫	種桑說	三卷	周凱	見(皇朝續文獻通考經籍考)	
	種樹書				參看園藝總記之屬
	飼蠶詩	一卷	周凱	同右	
十五畫	撫郡物產考略				參看物產類
	樗繭譜	一卷	清鄭珍	在(植物名實圖考長編)內	
	廣蠶桑說	一卷	清沈練		
	廣蠶桑說輯補	二卷	清沈練	在(漸西村舍叢刻)內	
	養蠶成法	一卷	韓理堂	在(農學叢書)內	
	養蠶經	一卷	李元眞	見(玉海禮儀門)	

	養野蠶法			見（植物名實圖考長編）	
十六畫	橡繭圖說	二卷	劉祖震	見（書目答問）	
	橡繭識語			見（植物名實圖考長編）	
十七畫	豳風廣義	三卷	清楊屾		
二十一畫	欂欏繭			在（承德府志）內	
	續蠶桑說	一冊	黃秉鈞		
二十四畫	蠶事要略	一卷	張行孚		附在（農桑輯要）後
	蠶政輯要	一冊	元司農司	見（紀念圖書館書目）	
	蠶書	一卷	宋秦觀	在（古今圖書集成食貨典）（明世學山）（龍威秘書）（說郛）（知不足齋叢書）（農學叢書）內	
	又	三卷	孫光憲	見（宋史藝文志）	
	蠶桑大利	一冊			山西六政考核處校印
	蠶桑合編		沙式菴	見（韋爾氏中國古書考）	
	又		清沈秉成		
	蠶桑事宜	一卷	清鄒祖堂	見（農籍稽古）	

蠶桑直說			見(農桑輯要)	
蠶桑約編			見(蠶桑說)	
蠶桑速效編	一冊	曹偶		
蠶桑捷效	一卷	吳孔彰	見(朝鮮支那蠶絲業概觀)	
蠶桑提要	二卷	清方大湜		
蠶桑備要	四卷	劉青藜		
蠶桑萃編	十五卷	清衛杰		
蠶桑說	一卷	清沈練		
又	一卷	清趙敬如	在(漸西村舍叢刻)內	
蠶桑圖說合編	一卷	何安石等	見(朝鮮支那蠶絲業概觀)	
蠶桑論	一冊			山西農學編輯會初稿
蠶桑實際	六卷	豫東屏	同右	
蠶桑輯合編	一卷	清尹紹烈	見(持靜齋書目)	
蠶桑輯要	一冊	清沈秉成		
又	一卷	鄭文同	見(皇朝續文獻通考經籍考)	
蠶桑簡明輯說	一卷	黃世本		

蠶桑簡便錄		清胡濟川	見（湖北通志）
蠶桑簡編		清楊名颺	見（農籍稽古）
蠶桑寶要		清周春溶	同右
蠶經		明黃省曾	在（廣百川學海）（說郛）（明世學山）（農圃四書）（居家必備）內

水產類

	書名及篇名	卷數或冊數	著作人	見於何書	附註
四畫	中國漁業歷史	一冊	沈同芳		
五畫	古今圖書集成 禽蟲典	一百九十二卷			參看物產類
	又 藝術典漁部				參看總記類
	又 考工典網罟部				參看農具類
	四時食制		曹操	見（金陵叢書補後漢書藝文志）	
六畫	江南魚鮮品	一卷	清陳鑑	在（檀几叢書）內	
八畫	初學記 武部漁				參看博物之屬
	物理小識 鳥獸類				同右
	金魚飼育法	一卷	寶使奎	在（農學叢書）內	
	花鏡 禽獸鱗蟲考				參看園藝類花屬
	事類通編 人事部漁				參看博物之屬
九畫	相貝經		漢朱仲	在（五朝小說）（說郛）（漢魏叢書）（唐宋叢書）（古今說部叢書）內	
	南海縣西樵塘魚調查問答		陳敬彭	在（農學叢書）內	

十畫				
後蟹錄	四卷	孫之騄	在(孫晴川八識)內	
晉安海物異名記	一卷	陳致雍	見(宋史藝文志)	
海味索隱	一卷	明屠本畯	在(五朝小說)(一瓻筆存)(說郛續)內	
海語	三卷			參看物產類
格物麤談 魚類				參看園藝總記之屬
格致鏡原 水族類				參看博物之屬
桂海虞衡志 志蟲魚				參看物產類
記海錯	一卷	清郝懿行	在(郝氏遺書)(農學叢書)內	
十一畫				
魚品	一卷	遯園居士	在(說郛續)內	
硃砂魚譜	一卷	明張謙德	見(江蘇第一圖館覆校善本書目)	
異魚圖	五卷		見(宋史藝文志)	
異魚圖贊	四卷	楊慎	在(寶顏堂秘笈)(藝海珠塵)(升庵外集)(四庫全書)(函海)(紛欣閣叢書)內	
異魚圖贊箋	四卷	清胡世安	在(四庫全書)內	
異魚圖贊補	二卷	清胡世安	在(四庫全書)(函海)內	附閏集二卷
十二畫				
雅世民事	一卷		見(世善堂藏書目錄)	

筆畫	書名	卷數	著者	所在	備註
	然犀志	二卷		在(函海)內	
十三畫	鄉守外編輯要	十卷	清許乃釗		
十四畫	閩中海錯疏	三卷	明屠本畯	在(四庫全書)(藝海珠塵)(學津討源)(農學叢書)(明辨齋叢書)內	
	漁貝詠	一卷	唐陸龜蒙	在(說郛)內	
十五畫	養魚經	一卷	周范蠡	在(說郛)(玉函山房輯佚書)(古今說部叢書)內	
	又	一卷	明黃省曾	在(明世學山)(居家必備)(廣百川學海)(文房奇書)(小史集雜)內	
	廣廣事類賦 人事部漁				參看博物之屬
十七畫	嶺外代答 蟲魚門				參看物產類
	臨海水土記			在(說郛)內	
十八畫	蟹畧	四卷	宋高似孫	在(四庫全書)內	
	蟹錄	四卷	孫之騄	在(孫晴川八識)內	
	蟹譜	二卷	宋傅肱	在(說郛)(四庫全書)(百川學海)(山居雜志)內	

二十畫	譯史記餘	一卷		參看物產類
二十一畫	續類賦　民業類漁		史以甲	全書二十七卷
	續蟹譜	一卷	清褚人穫	在(昭代叢書)(賜硯堂叢書)內

農產製造類

筆畫	書名及篇名	卷數或冊數	著作人	見於何書	附註
四畫	太平御覽 飲食部	二十五卷			
五畫	北山酒經		王勣	在(說郛)內	
	又	三卷	元朱肱	在(知不足齋叢書)(隨庵徐氏叢書)內	
	又	三卷	宋朱翼中	在(古今圖書集成食貨典)(說郛)(四庫全書)內	按說郛等所載非足本
	古今圖書集成 食貨典	三百六十卷			參看農業經濟類
	本草綱目 造釀類				參看博物之屬
六畫	考槃餘事 紙箋				參看茶類
八畫	事物紀原 酒醴飲食部				參看博物之屬
	事類賦 什物部紙 飲食部酒				參看博物之屬
	物理小識 飲食類				同右
十畫	酒小史		元宋伯仁	在(說郛)內	
	酒史	六卷	明馮時化	在(小史集雅)(寶顏堂秘笈)內	
	酒名記		宋張能臣	在(古今圖書集成食貨典)(說郛)(五朝小說)內	

酒孝經	一卷	劉炫	見(通志藝文略)	
酒部彙考	十八卷		見(四庫全書總目)	
酒經		宋蘇軾	在(說郛)內	
酒爾雅		何剡	在(說郛)(古今圖書集成食貨典)內	
酒概	四卷	明沈沈	見(四庫全書總目)	
酒錄	一卷	竇常	見(通志藝文略)	
酒譜	一卷	王璡	見(說郛酒乘)	
又	二卷	王績	同右	
又	一卷	竇苹	在(百川學海)(說郛)(四庫全書)(唐宋叢書)(古今圖書集成食貨典)內	
又	一卷	徐炬	在(文房奇書)內	
又	一卷	焦革	在(說郛)內	
又	一卷	葛澧	見(宋史藝文志)	
又	一卷	鄧華	見(世善堂藏書目錄)	
桂海虞衡志 志酒				參看物產類
格致鏡原 飲食類	二卷			參看博物之屬

	秘修藏釀方	一卷		見(說郛酒乘)	
十二畫	無求子酒經	一卷		見(宋史藝文志)	
	植物名實圖攷長編 穀類				參看植物之屬
十三畫	稗史彙編 飲食門酒				參看博物之屬
	農產製造論	一册			山西農家編輯會初稿
	滇海虞衡志 志酒				參看物產類
	新豐酒法		宋林洪	在(說郛)(古今圖書集成食貨典)內	
	會稽郡造海味法	一卷		見(通志藝文略)	
十四畫	蒲葵栽製法				參看作物類
十五畫	養小錄	三卷			參看家政類
	穀玉類編 飲食				參看博物之屬
	潮州糖業調查概略		興禮	在(農學叢書)內	
	廣廣事類賦 飲食部酒	三十二卷			參看博物之屬
	廣類賦 飲食類酒				參看博物之屬
	潛確類書 飲啖部酒				同右
十六畫	遵生八牋 燕閒清賞箋中				參看園藝類花屬

	蕉窗九錄 紙錄		明項元汴	在(學海類編)內	
	糖霜譜	一卷	宋王灼	在(四庫全書)(楝亭十二種)(學津討源)內	
	又		宋洪邁	在(說郛)內	
十九畫	麴本草		宋田錫	同右	
	藝林彙考 飲食篇酒醴類				參看植物之屬
	類書纂要 飲食類酒				參看博物之屬
二十一畫	續北山酒經		宋李保	在(說郛)(古今圖書集成食貨典)內	
	續酒譜	十卷	唐鄭遨	見(文献通考經籍考)	

農業經濟類

書名及篇名	卷數或冊數	著作人	見於何書	附註
二畫				
二十四史九通政典類要合編	三百二十卷	清黃書霖		
十三經類語　財賦類				參看雜類
七國考　食貨門		明董說	在(四庫全書)內	全書十四卷
三畫				
三才彙編	六卷	龔在井		
三才雜俎	五卷	沈夢熊	見(江蘇第一圖書館書目)	
己庚編	二冊	祈韻士	在(振綺堂叢書)	
山西省第二次經濟統計　正集　續集	一冊　一冊			山西省長公署統計處編纂
山堂考索後集　食貨		宋章如愚	在(四庫全書)內	全書六十五卷
大學衍義補　制民之產　制國用		明邱濬		全書一百六十卷
大學衍義補輯要　制民之產　制國用		清陳宏謀輯		全書十二卷
四畫				
天下郡國利病書	一百二十卷	清顧炎武		
元史　食貨志　兵志屯田		明宋濂等		全書二百十卷
井田王制圖	一卷	余希文	見(宋史藝文志)	
井田貢稅法	一卷	朱駿聲	在(朱允倩所著書)內	

屯田事宜	五卷	方日乾	見(明史藝文志)	
屯田書	一卷	張抱赤	同右	
屯田集議	二卷	沈與求	見(玉海食貨)	
屯田議	一卷	楊守謙	見(明史藝文志)	
太平經國之書 稅賦		宋鄭伯謙	在(四庫全書)(通志堂經解)	全書十一卷
太平御覽 治道部貢賦				參看博物之點
太倉田賦平議	二卷	蔣乃曾		
水地小記	一卷	程瑤田	在(皇清經解)(通藝錄)內	
日知錄	三十二卷	清顧炎武		此書第十卷述及田賦田制等
戶部漕運全書	九十六卷	何桂芳		
文獻通考 市糴考 戶口考 田賦考 徵榷考 國用考		宋馬端臨		全書三百四十八卷
冊府元龜 拜計部	二十九卷	宋王欽若等		冊府元龜一千卷
左司筆記	二十卷	清吳曝	見(四庫全書總目)	
本政書	十卷	林勳	見(宋史藝文志)	
史記 平準書				參看水利類

五臺

玉海 食貨 地理門戶口		宋王應麟		全書二百卷
世緯 均賦篇		明袁袠	在(四庫全書)內	全書一卷
目營小輯	四卷	陸化熙	見(四庫全書總目)	
田賦考	一卷	法任啟運		
田賦書		程迥	見(玉海食貨)	
古今圖書集成 食貨典	三百六十卷			
又 戎政典 屯田部	八卷			戎政典共三百卷
又 考工典 度量權衡部	五卷			考工典共二百五十二卷
又 職方典 漕運考 賦役考 田賦考	一千五百四十四卷			
朱子經濟文衡類編後集	二十五卷	宋朱熹		
朱子經濟文衡類編續集	二十二卷	宋朱熹		
考工記圖	二卷	清戴震	在(皇清經解)內	
考古類編 賦役漕運屯田		柴紹炳		全書十二卷
行水金鑑 漕運				參看水利類

至正條格 賦役		元順帝時官撰	見(四庫全書總目)	全書廿三卷
名臣經濟錄	五十三卷	明黃訓	在(四庫全書)內	
吉林外記	十卷			參看物產類
江蘇海賦全案	八卷	清劉郇膏		
七畫				
吳中田賦錄	五卷	王儀	見(明史藝文志)	
宋史 食貨志	十四卷	元脫脫等		全書四百九十六卷
均田圖		元稹	見(玉海食貨)	
辰州府義田總記	二卷			
八畫				
金史 食貨志		元脫脫等		全書一百三十五卷
明史 食貨志		清張廷玉等		全書三百三十六卷
明漕運志	一卷	曹溶	在(學海類編)內	
牧令書 賦役				參看總記類
牧令書輯要 賦役				仝右
官民準用	七卷		見(四庫全書總目)	
杭州府賦役全書	一冊			
杭嘉湖三府減漕記略	一冊	清戴槃		即浙西減漕記略

九畫

杭嘉湖三府減漕奏稿	一冊	清戴槃		
事物紀原 利源調度部				參看博物之屬
事物原會	四十卷			同右
周官祿田考	三卷		在(皇清經解)內	
周禮井田譜	二十卷	宋夏休	見(宋史藝文志)	
兩河觀風便覽 賦役門 戶口門			見(四庫全書總目)	全書四卷
兩浙賦役全書		婁志德	見(明史藝文志)	
延祐四明志 賦役		元袁桷	在(四庫全書)內	全書十七卷
東華錄				參看災荒類
東華續錄				同右
明會典 戶部		萬曆十三年重修		共十二冊
河漕通考	二卷			參看水利類
春明夢餘錄 戶部		孫承澤	在(古香齋叢書)內	全書七十卷
春秋大事表 田賦		清顧棟高	在(四庫全書)內	全書五十卷
春秋井田記	一卷		在(玉函山房輯佚書)內	
春秋毛氏傳 田賦門		清毛奇齡	在(四庫全書)內	全書三十六卷

春秋事義愼考 賦稅		清姜兆錫	見(四庫全書總目)	全書十四卷
皇胡奏疏類鈔 漕運類 財計類		明臺臣編		全書六十一卷
皇朝文獻通考 徵權考 國用考 市糴考 戶口考 田賦考		乾隆十二年敕撰		全書三百卷
皇朝通志 食貨署		乾隆三十三年敕撰		全書一百二十六卷
皇朝通典 食貨典		乾隆三十二年敕撰		全書一百卷
皇朝經世文鈔 財賦		清陸耀		全書三十卷
皇朝經世文統編 地輿部 理財部 內政部				全書一百七卷
皇朝經世文編 戶政 屯墾		清賀長齡		全書一百二十卷
皇朝經世文續編 戶政		清盛康		全書一百二十卷
又 戶政		清葛士濬		全書一百二十卷
皇朝續文獻通考 田賦攷 戶口攷 國用攷 徵權攷 市糴攷		劉錦藻		全書三百二十卷
恒產瑣言	一卷	張英	在(藝海珠塵)(昭代叢書)內	
食貨志選	三卷	明余玉崖	見(天一閣書目)	

十畫

食貨錄		王鏊	在(三續百川學海)內	
南畮圖			見(玉海食貨)	
前漢書 食貨志		漢班固		全書一百二十卷
洲課條例	一卷	明王侹	見(四庫全書總目)	
荊川稗編 戶工禮經				參看總記類
浙江減賦全案	十卷	楊昌濬		
浙西減漕紀畧	一冊	清戴槃	在(戴氏叢刻)內	
晉書 食貨志		唐太宗		全書一百三十卷
茶馬類考	六卷	明胡彥	見(四庫全書總目)	
倭情屯田議	一卷	趙士楨	在(藝海珠塵)內	
唐類函 政術部				參看博物之屬
區田書	一卷	清王心敬		
區田圖說	一卷		在(大亭山館叢書)內	
區種五種				參看作物類
通志 食貨略		宋鄭樵		全書二百卷
通典 食貨		唐杜佑		全書二百卷

十二畫

通肯河一帶開民屯議		馮　澂	在(小方壺齋輿地叢鈔再補編)內	
通雅 專制				參看博物之屬
陸宣公翰苑集奏議	七卷	唐陸　贄	在(四部叢刊)內	
國有荒地承墾條例			見(南通圖書館書目)	
國賦紀畧		明倪元璐	在(學海類編)內	
敎養全書	四十一卷	清應撝謙	見(四庫全書總目)	
庸調租賦	三卷	宋盛　度	見(宋史藝文志)	
康濟譜 賦役屯田	十二冊			參看總紀類
淵鑑類函 政術部				參看博物之屬
欽定大清會典 戶部		乾隆廿九年敕撰		全書一百卷
欽定大清會典事例 戶部				全書一千二百二十卷
欽定皇朝西域圖志	五十二卷	乾隆二十一年敕撰	在(四庫全書)內	
欽定續文獻通考 徵榷攷 戶口攷 國用攷 田賦攷 市糴攷		乾隆十二年敕撰		全書二百五十卷
欽定續通志 食貨畧		乾隆三十二年敕纂		全書六百四十卷
欽定續通典 食貨		乾隆三十二年敕撰		全書一百五十卷

博物典彙	二十卷	明黃道周		
博雅備考（田賦 漕運）				參看總記類
湖南苗防屯政攷	十六冊	但湘良		
隋書（食貨志）		唐長孫無忌等		全書八十五卷
富教初桄錄	二冊	宗源瀚		
十三畫				
補宋書（食貨志）	一卷	清郝懿行	在（廣雅書局彙刻書）（郝氏遺書）（史學叢書）（粵雅堂叢書）（郝氏史學三種）內	
溝洫疆理小記	一卷			參看水利類
新唐書（食貨志）		宋歐陽修		全書二百二十五卷
滇繫（賦產）		師範		全書四十卷首圖一卷
農桑訣		元王楨	在（農政叢書）內	
經濟類考約編	六冊	清顧九錫		
十四畫				
漕政考	二卷	陳仁錫	見（明史藝文志）	
漕政錄		邵寶		
漕河奏議	四卷	明王以旂	見（四庫全書總目）	
漕書	一卷	明張鳴鳳	同右	

漕運志	四卷	楊宏	見(明史藝文志)	
漕運議單	一卷		見)(天一閣書目)	明嘉靖三十七年纂(書附于註內)
漕運則例纂	二十卷	楊錫紱等		
開荒十二政	一卷	明魏純粹	見(四庫全書總目)	
開墾水田圖說	一冊			參看水利類
漢書補注 食貨志		王先謙		全書一百卷
圖書編	一百二十七卷	明章潢		
嘉湖減賦記	一冊	金容鏡		
十五畫				
賦役全書	三十三冊	清史憲等		
實政錄 民務				參看災荒類
廣治平略	三十卷	清蔡方炳輯		
廣事類賦 政治部				參看博物之屬
論語井田義圖			見(文獻通考經籍考)	
十六畫				
歷代名臣奏議	八十冊	明張溥編		
歷代制度詳說	十二卷	宋呂祖謙	在(四庫全書)內	
遼史 食貨志		元脫脫等		全書一百十六卷

筆畫	書名	卷數	著者	出處	備註
十八畫	諸臣奏議 財賦門		宋趙汝愚	在（四庫全書）內	全書一百五十卷
	舊五代史 食貨志		宋薛居正等		全書一百五十卷
	舊唐書 食貨志		晉劉昫		全書二百卷
	禮記 王制				參看時令類
	魏書 食貨志		齊魏收		全書一百十四卷
十九畫	繹志 租庸篇		胡承諾		全書十九卷
二十畫	譯史 食貨志		馬驌		全書一百六十卷
	蘇松浮糧考	一卷	陸世儀	在（陸桴亭遺書十六種）（婁東雜著）內	
	蘇松浮糧議	一卷	明鄭若曾	在（鄭開陽雜著）內	
	蘇松賦役考略			見（江蘇省立第二圖書館書目）	
	蘇松歷代財賦考	一卷		見（四庫全書總目）	
	寶應長湖墾殖公司計畫說明書			見（涵芬樓藏書目錄）	
二十一畫	續文獻通考 田賦攷 戶口攷 國用攷 市糴攷 徵榷攷		王圻	在（四庫全書總目）	全書二百五十四卷
	續修欽定大清會典 戶部		嘉慶時敕輯		全書八十卷

家庭經濟類

筆畫	書名及篇名	卷數或冊數	著作人	見於何書	附註
三畫	山家清供	一卷	宋林洪	在(小石山房叢書)(說郛)(夷門廣牘)(古今圖書集成食貨典)內	
四畫	太平御覽 飲食部				參看博物之屬
	天厨聚珍妙饌集	一卷		見(四庫全書總目)	
	中饋錄		吳氏	在(古今圖書集成食貨典)(說郛)內	
五畫	古今食譜	三卷		見(通志藝文略)	
	古今圖書集成 食貨典				參看農業經濟類
	玉食批		司膳內人	在(說郛)(古今圖書集成食貨典)內	
六畫	老老恒言 粥譜		清曹庭棟		全書五卷
八畫	易牙遺意	二卷	元韓奕	在(夷門廣牘)內	
	事物紀原 酒醴飲食部				參看博物之屬
	居家必要			見(古今圖書集成草木典)	
	居常飲饌錄	一卷	清曹寅	見(四庫全書總目)	
	物理小識 飲食部				同右

九畫

物類相感志 飲食				參看園藝類花屬
物類相感續志 飲食				同右
食物本草	二卷		在（合刻延壽書）內	
又	二卷	胡文煥	在（格致叢書）內	
食物本草會纂		沈李龍		
食珍錄		虞悰	在（說郛）內	
食經		李氏	見（本草綱目序例）	
又		竺暄	見（新唐書藝文志）	
又	九卷	崔浩	見（本草綱目序例）	
又	三卷	馬琬	見（隋書經籍志）	
又	一百二十卷	淮南王	見（本草綱目序例）	
又	一卷	劉休	見（通志藝文略）	
又	三卷	盧仁宗	見（新唐書藝文志）	
又		謝諷	在（說郛）（古今圖書集成食貨典）內	
食譜		唐韋巨源	在（五朝小說）（說郛）（唐人說薈）（古今圖書集成食貨典）內	

十畫				
格物麤談 飲饌				參看園藝總記之屬
格致鏡原 飲食類				參看博物之屬
神農黃帝食經	七卷		見(前漢書藝文志)	
粉麵品		明高濂	在(居家必備)內	
唐類函 食物部				參看博物之屬
紡織圖說		孫琳	在(農學叢書)內	
十一畫				
梁太官食經	五卷		見(通志藝文畧)	
甜食品		明高濂	在(居家必備)內	
脯鮓品		明高濂	同右	
野蔌品				參看植物之屬
淵鑑類函 食物部				參看博物之屬
十二畫				
雲林堂飲食制度			見(絳雲樓書目)	
疏食譜	一卷	宋陳達叟	在(百川學海)(借月山房彙鈔)(說郛)(五朝小說)(古今圖書集成食貨典)內	
粥糜品		明高濂	在(居家必備)內	
筍譜	一卷	宋釋贊寧		參看作物類
十三畫				
飲食須知	八卷			參看博物之屬

筆畫	書名	卷數	著者	出處	備考
	稗史彙編 飲食門				同右
	飲膳正要	三卷	元和斯輝	見(四庫全書總目)	
	製蔬品		明高濂	在(居家必備)內	
十五畫	養小錄	三卷	顧仲	在(學海類編)內	
	穀玉類編 飲食				同右
	潛確類書 飲啖部				同右
	廣類賦 飲食類				同右
十六畫	膳夫經		唐楊曄	在(藝園搜奇)(碧琳瑯館叢書)內	
	膳夫錄		鄭望之	在(說郛)內	
	隨園食單	一卷	袁枚	在(隨園三十種)內	
	遵生八牋 飲饌服食箋				參看園藝類花屬
十八畫	禮記 內則				參看時令類
十九畫	藝文類聚 食物部				參看博物之屬
	藝林彙考 飲食篇				參看植物之屬
	羹臛法	一卷		見(通志藝文畧)	
二十一畫	饌史			在(學海類編)內	

雜論類

	書名及篇名	卷數或冊數	著作人	見於何書	附註
三畫	大學衍義補 重民之事				參看農業經濟類
	大學衍義補輯要 重民之事				同右
四畫	元元論		宋張去華	見（玉海食貨）	
	亢倉子 農通篇			在（四庫全書）內	全書一卷
五畫	古今治平畧			見（古今圖書集成食貨典）	
	史記 貨殖列傳				參看水利類
七畫	呂氏春秋 上農				參看作物類
八畫	典籍便覽 政事部				參看博物之屬
九畫	皇朝經世文統編 內政部養民 地輿部農務				參看農業經濟類
	皇朝經世文新編 農政		清麥仲華		全書十六冊
	皇朝經世文續編 戶政農政		清盛康		參看農業經濟類類
	前漢書 貨殖傳				同右
十畫	格物通 理財		明湛若水	在（四庫全書）內	全書一百卷

畫數	書名	卷數	著者	版本	備註
十一畫	商子 外內 農戰 墾令		秦商鞅	在(四部叢刊)(百子全書)(先秦諸子合編)(彙刻百子)(諸子彙函)(吳刻二十子)(十二子書)(指海)內	全書五卷
	野老書 上農篇				參看作物類
	淮南子 主術訓 墜形訓			在(四部叢刊)(漢魏叢書)(百子全書)(九子全書)(百家類鈔)(十子全書)(彙刻百子)(吳刻二十子)(中立四子集)(諸子彙函)內	全書二十卷
十二畫	絕越書 外傳枕中 計倪內經			在(四部叢刊)(快閣藏書)(古今逸史)(漢魏叢書)(鐘伯敬評祕書十八種)內	全書十五卷
十三畫	新書 憂民 無蓄 瑰瑋		漢賈誼	在(四部叢刊)(彙刻百子)(抱經堂彙刻書)(子彙)(百家類纂)(漢魏叢書)(西漢四大家書)(百子全書)內	
	新論 貴農		梁劉勰	見(唐書藝文志)	
	農說	一卷	明馬一龍	在(說郛續)(居家必備)(二十子全書)(廣百川學海)(寶顏堂祕笈)內	

十四畫	農學論	一卷	張壽語	見(皇朝續文獻通考經籍考)
	管子	二十四卷		在(百子全書)(四部叢刊)(彙刻百子)(諸子彙函)(管韓合刻)(中都四子集)(中立四子集)(百家類鈔)(十子全書)內
	管子治略	八卷	唐房元齡註	
十二畫	勸農論		宋高錫	見(玉海食貨)
二十四畫	鹽鐵論	十二卷	漢桓寬	在(四庫全書)(四部叢刊)(鐘伯敬祕書十八種)(漢魏叢書)(百家類纂)(中立四子集)(彙刻百子)(兩京遺編)(紛欣閣叢書)(百子全書)內

雜類

書名及篇名	卷數或冊數	著作人	見於何書	附註
二畫				
二十四史九通政典類要合編 職官禮				參看農業經濟類
十三經類語 農桑類 治地類		羅萬藻		全書十四卷
三畫				
土牛經	一卷	丁度	見（宋史藝文志）	
又		宋向孟	在（五朝小說）（說郛）內	
大中華農業史	一冊	張援		
子史彙纂 土田類		馮廷章		全書二十四卷
山西改訂地方保衛團施行細則	一冊			山西省公署印
山居四要	五卷	汪汝懋	在（合刻延壽書）（格致叢書）內	
山居要術	三卷	王旻	見（宋史藝文志）	
山居雜要	三卷	王旻	同右	
山堂考索前集	六十六卷	宋章如愚	在（四庫全書）內	
山家清事		林洪	在（說郛）（百名家書）（藝圃搜寄）（顧氏文房小說）（格致叢書）（稗史集傳）內	
大農孝經	一卷	賈元道	見（宋史藝文志）	

天工開物		宋應星	見(白氏中國植物學)	
元史 百官志	八卷			參看農業經濟類
元和郡縣志	四十卷	唐李吉甫	在(武英殿聚珍板叢書)(岱南閣叢書)(四庫全書)內	
元豐九域志	十卷	宋王存等	在(四庫全書)內	
太平御覽 職官部 產業部 禮儀部				參看博物之屬
方田通法補例	六卷	張作楠	在(翠微山房數學)內	
五代會要	三十卷	宋王溥	在(武英殿聚珍板叢書)內	
王制井田算法	一卷	清談泰	在(金陵叢書)內	
王制里畝算法解	一泰	清談泰	同右	
分門瑣碎錄			見(絳雲樓書目)	
天香傳	一卷	丁謂	見(宋史藝文志)	
中國農業史	一冊	吳盩廬		上海新學會社印行
文獻通考 土貢考 郊祀考 職官考				參看農業經濟類

平土書		李泰伯	見（玉海食貨）	
田夫書	一卷	范如圭	見（宋史藝文志）	
田畝比類乘除捷法	二卷	宋楊輝	在（宜稼堂叢書）（楊輝算法六種）內	
田園詩		陳繼儒	在（閒情小品）內	
石田雜記		明沈周	在（學海類編）內	
四民福祿論	二卷	唐李淳風	見（宋史藝文志）	
四時宜忌		元瞿佑		
四庫提要農學輯存				新學會社印行
古今圖書集成官常典 戶部 河使部 漕使部				官常典八百卷
又坤輿典 土部	一卷			坤輿典一百四十卷
又藝術典 農部				參看總記類
冊府元龜 帝王部務農 僭僞部務農 閏位部耕籍務農				參看農業經濟類
本政書比較	二卷	林勳	見（宋史藝文志）	
本書	三卷	何亮	見（通志藝文略）	

玉海（食貨門 農官 禮儀門）				參看農業經濟類
永嘉記	一冊		見（授時通考）	
六畫				
考工記述註	二卷	明林兆珂	見（四庫全書總目）	
考工記圖注	二卷	清戴震	在（花雨樓叢鈔）內	
朱子文集大全類編（政績）				參看災荒類
名物考	十卷	明劉侗	見（四庫全書總目）	
安南土貢風俗	一卷		見（宋史藝文志）	
江南經略	八卷	明鄭若曾	見（四庫全書總目）	
西漢會要	七十卷	宋徐天麟		
七畫				
呂氏鄉約	一卷	宋朱子編	在（隨庵徐氏叢書續編）內	
何文簡疏議	十卷	明何孟春	在（四庫全書）內	
宋史（禮志 職官志 兵志 保甲）				參看農業經濟類
宋書（百官志 禮志）				參看災荒類
村長副須知	一冊			山西六政考核處校印
改進村制辦法	一冊			山西六政考核處校印
汲冢周書（職力解）				參看時令類

孝經緯援神契	二卷	魏宋均注	在(玉函山房輯佚書)(說郛)內	
初學記 職官部 禮官部				參看博物之屬
金史 百官志				參看農業經濟類
明史 禮志 職官志				同右
明朝典彙	二百卷	明徐學聚	見(四庫全書總目)	
明會要	八十卷	清龍文彬		
治地旁通	一卷		見(宋史藝文志)	
事始	一卷		見(四庫全書總目)	
事物考	八卷	明傅巖	同右	
事物紀原 技術醫卜部				參看博物之屬
事類全書			見(農政全書)等	
事類合璧			見(本草綱目)	
周官心解	二十八卷	蔣載康		
周官析疑	三十六卷	清方苞	在(抗希堂十六種)內	附考工記析義四卷
周官記	五卷	清莊存與	在(皇清經解續編)內	
周官參證		王寶仁		

周官集注	十二卷	清方苞	在(四庫全書)(抗希堂十六種)內
周官新義		宋王安石	在(粵雅堂叢書)(經苑)內
周官說	二卷	清莊存與	在(皇清經解續編)內
周官說補	三卷	清莊存與	同右
周官精義	十二卷	連斗山	
周官辨非	一冊	清萬斯大	
周禮	六卷	漢鄭康成注	
周禮正義	十二冊	孫詒讓	
周禮注疏	四十二卷	漢鄭康成注 唐賈公彥疏	在(四庫全書)內
周禮注疏刪翼	三十卷	明王志長	同右
周禮述注	二十四卷	清李光坡	同右
周禮訂義	八十卷	宋王與之	在(四庫全書)(通志堂經解)內
周禮詳解	四十卷	宋王昭禹	在(四庫全書)內
周禮說	五卷	宋黃度	
周禮類綜	四卷	許元准	
周禮纂訓	二十一卷	李鍾倫	在(榕村全集)內

東坡雜記			見（古今圖書集成草木典）	
東漢會要	四十卷	宋徐天麟	在（武英殿聚珍板叢書）內	
林泉備	五卷	馮安世	見（宋史藝文志）	
尙書				諸家註解尙書者甚多茲不詳舉
尙書大傳		漢伏勝	在（四庫全書）（古經解彙函）（守約齋叢書）（孫晴川八識）（崇文書局彙刻書）（四部叢刊）內	
尙書大傳補注	七卷	王闓運	在（湘綺樓全書）（靈鶼閣叢書）內	
尙書大傳輯校	三卷	清陳壽祺	在（皇清經解續編）內	
居家宜忌		明瞿祐撰	在（遜敏堂叢書）（說郛續）內	
物理論	一卷	楊泉	在（孫淵好所著書）（平津館叢書）（龍溪精舍叢書）內	按舊唐書作十六卷平津館叢書等所載均非足本
物類相感志	十卷	僧贊甯	見（通志藝文畧）	
武備輯要續編	十二卷	許乃釗	在（敏果齋七種）內	
采藥書		汪連仕	見（本草綱目拾遺）	
采藥錄		王安	同右	

典籍便覽 政事部				參看博物之屬
帝王經世圖譜	十六卷	宋唐仲友	在(武英殿聚珍板書)內	
便民錄		許伯詡	見(古今圖書集成經籍典)	
保甲書輯要	四卷	徐棟	在(牧令書五種)內	
癸辛雜識	六卷	宋周密	在(四庫全書)(稗海)內	
昭明子釣種生魚鑑	八卷		見(前漢書藝文志)	
拜計彙編			在(學海類編)內	
春秋緯說題辭	一卷	魏宋均注	在(玉函山房輯佚書)內	
春秋濟世六常擬議	五卷	楊瑾	見(隋書經籍志)	
禹貢元珠	一卷	明俞鯤	見(四庫全書總目)	
禹貢古今注通釋	六卷	侯楨纂		
禹貢正詮	一冊	清姚彥渠		
禹貢合注	五卷	夏允彝		
禹貢長箋	十二卷	清朱鶴齡	在(四庫全書)內	
禹貢指南	四卷	宋毛晃	在(守約編叢書)(武英殿聚珍板書)內	
禹貢解	八卷	清晏斯盛	在(楚蒙山房全集)內	

禹貢集解	二卷	宋傅寅	在(金華叢書)(通志堂經解)內	
禹貢集釋	三卷	丁晏	在(頤志齋叢書)內	
禹貢會箋	十四卷	徐文靖	在(徐位山六種)內	
禹貢匯疏	十五卷	茅瑞徵	見(四庫全書總目)	
禹貢說斷	四卷	傅寅	在(武英殿聚珍板書)(墨海金壺)(守山閣叢書)內	
禹貢論	五卷	宋程大昌	在(四庫全書)(通志堂經解)(永樂大典採輯書)內	附後論一卷
禹貢鄭注釋	三卷	清焦循	在(皇清經解續編)內	
禹貢錐指	二十卷	清胡渭	在(四庫全書)(皇清經解)內	
禹貢譜	二卷	清王澍	在(四庫全書總目)	
禹貢譯詁	一冊	清孫喬年		
思恩府新編保甲事宜	一冊	李彥章	在(榕園叢書)內	
皇朝文獻通考 土貢考 職官考 郊社考				參看農業經濟類
皇朝通志 禮略 職官署				同右

十畫

皇朝通典 禮典、職官典				同右
皇朝續文獻通考 土貢考 郊社考 職官考				同右
南齊書 百官志				參看災荒類
前漢書 百官公卿表 郊祀志				參看農業經濟類
後漢書 百官志 祭祀志 禮儀志				參看災荒類
唐六典	二十卷	唐玄宗		
唐會要	一百卷	宋王溥	在（武英殿聚珍板叢書）內	
唐類函 產業部 禮儀志	三卷			參看博物之屬
務本直言		修廷益	見（補遼金元藝文志）	
問農說		清田文錦	見（湖北通志）	
倉田通法	五卷	張作楠	在（翠微山房數學）內	
倉田通法續編	三卷	張作楠	同右	
浙江測繪輿圖章程	一冊			
格物總論			見（授時通考）等	

格物叢話			同右	
格致鏡原 坤輿類				參看博物之屬
留垣奏議	四卷	明黃起龍	見(四庫全書總目)	
晉書 禮志 職官志				參看農業經濟類
茹草編	四卷		在(夷門廣牘)內	
秦農要事			見(遂初堂書目)	
神農教田相土耕種	十四卷		見(前漢書藝文志)	
徐聞縣實業調查概略		何炳修	在(農學叢書)內	
通志 禮略 職官略				參看農業經濟類
通典 禮典 職官典				同右
清供錄			見(古今圖書集成草本典)	
淮南萬畢術	一卷		在(漢學堂叢書)(龍溪精舍叢書)(南菁書院叢書)(千種古逸書)(說郛)(問經堂叢書)(漸西村舍叢刻)內	
祥符豐年圖			見(玉海食貨)	
淵鑑類函 武功部設官部 禮儀部政術部 產業部				參看博物之屬

十二畫

雅世民事	一卷		見(世善堂藏書目錄)	
湖北輿農文牘		清端方		
測地志要	四卷	黃炳垕		
測地膚言	一卷	陶保廉	見(皇朝續文獻通考經籍考)	
測量法義	一卷	明徐光啟	在(海山仙館叢書)(天學初函)(指海)(四庫全書)內	
測量異同	一卷	明徐光啓	同右	
測量釋例	八卷		見(皇朝續文獻通考經籍考)	
欽定大淸會典 禮部				參看農業經濟類
欽定大淸會典事例 內務府 八旗都統田宅 理藩院				同右
欽定周官義疏	四十八卷	乾隆	在(四庫全書)(御纂七經)內	
欽定續文獻通考 土貢考 職官考 郊祀考				參看農業經濟類
欽定續通志 職官畧 禮畧				同右
欽定續通典 職官 禮典				同右
陽明先生保甲法		明陳龍正錄	在(學海類編)內	

陽明先生鄉約法		明陳龍正錄	同右	
博聞錄			見(農政全書)等	
番禺雜記		唐鄭熊	在(說郛)內	
隋書 百官志 禮儀志				參看農業經濟類
陰陽書	一卷		在(玉函山房輯佚書)內	

十三畫

粵閩南燠實業調查概略		劉鈺德	在(農學叢書)內	
農田敕	五卷	丁謂等	見(玉海食貨)	
農田條約			同右	宋熙寧二年頒
農要		晉杜預	同右	
農家切要	一卷		見(宋史藝文志)	
農務集	三卷	元王楨	見(四庫全書總目)	
農桑雜令			見(元史藝文志)	
農遺雜疏			見(明史藝文志)	
遂農雜記	四卷	清秦之柄	見(湖北通志)	
經世實用編	二十八卷	明馮應京	見(四庫全書總目)	
瑞安務農支會試辦章程			在(農學叢書)內	

鄕守輯要合鈔	十卷	清許乃釗		
經界弓量法	一卷	王居安	見(宋史藝文志)	
禁苑實錄	一卷		見(通志藝文略)	
滇南雜記		吳應枚	在(小方壺齋輿地叢鈔)內	
新唐書 百官志 禮樂志				參看農業經濟類
羣碎錄		明陳繼儒	在(學海類編)內	
歲時樂事	一卷		見(述古堂藏書目)	
管子地員篇注	四卷	王紹蘭		
十四畫				
齊民四術	十二卷	清包世臣	在(安吳四種)內	
齊民要術校補	一卷		在(羣書校補)內	
鄙記			見(遂初堂書目)	
實政錄 鄉甲約				參看災荒類
種樹臧果相蠶	十三卷		見(前漢書藝文志)	
十五畫				
調查延吉琿春農業報告		清劉慶琦		
調查廣州府新寧縣實業情形報告		趙天錫	在(農學叢書)內	
整理村範施行辦法	一冊			山西六政考核處校印

廣治平略 農政篇				參看農業經濟類
廣東陽春縣實業調查報告		許南英	在（農學叢書）內	
廣東實業調查概畧		祥林	同右	
廣農頌		宋夏竦		
十六畫				
歷代名臣奏議 務農				參看農業經濟類
遼史 百官志	四卷			同右
龍魚河圖	一卷	黃奭輯	在（漢學堂叢書）內	
輯淮南萬畢術	二卷	葉德輝	在（觀古堂所著書）內	
潤經堂自治官書	三冊	李彥章	在（榕園叢書）內	
樵歌八事		徐綱	見（古今圖書集成經籍典）	
鬳齋考工記解	二卷	宋林希逸	在（四庫全書）（通志堂經解）內	
十七畫				
營田輯要	三卷	清黃輔宸		
營田輯要內外篇	四卷			
十八畫				
舊五代史 職官志				參看農業經濟類
舊唐書 職官志 禮儀志				同右
雜五行書			在（玉函山房輯佚書）內	

畫	書名	卷數	著者	出處	備考
	雞肋編	二冊	宋莊季裕	在(琳琅秘室叢書)內	
	禮書	一百五十卷	陳祥道		
	魏書 官氏志				參看農業經濟類
十九畫	藝文類聚 產業部				參看博物之屬
	藝苑雌黃	二十卷	嚴有翼	見(文獻通考經籍考)	
	籍田記		呂夷簡等	見(玉海禮儀門)	
	勸民彙集	一卷	周礦		
	勸農文	三篇	宋陸游	在(陸放翁全集)內	
	勸農奏議	三十卷	宋陳靖	見(宋史藝文志)	
	勸農疏		錢彥遠	見(玉海食貨)	
	勸農說	一卷	拙政老人		
二十一畫	續文獻通考 郊祀考 土貢考 職官考				參看農業經濟類
	續類賦 民業類農		史以甲		全書二十七卷
	灌園十二師	一卷	清徐沁	在(檀几叢書)內	
二十三畫	巖棲幽事	一卷	明陳繼儒	在(廣百川學海)(寶顏堂秘笈)(說郛續)內	